L'ANGLAIS
sans fautes

Langues pour tous

Collection dirigée par Jean-Pierre Berman,
Michel Marcheteau et Michel Savio

ANGLAIS

□ Pour débuter (ou tout revoir) : **• Parlez anglais en 40 leçons**

□ Pour se perfectionner et connaître l'environnement :
• Pratiquez l'anglais **• Pratiquez l'américain**

□ Pour mieux s'exprimer et mieux comprendre :
• Communiquez en anglais

□ Pour évaluer et améliorer votre niveau :
• Score anglais : testez votre niveau **• Score civilisation USA**

□ Pour se débrouiller rapidement : **• L'anglais tout de suite**

□ Pour aborder la langue spécialisée :
- **L'anglais économique & commercial**
- **Correspondance commerciale**
- **Vendre en anglais**
- **Exporter en anglais**
- **Score commercial**
- **Téléphoner en anglais**
- **Rédigez votre C.V. en anglais**
- **Dictionnaire économique, commercial et financier**
- **Dictionnaire de l'anglais des médias et du multimédia**
- **L'anglais des sciences et des techniques I (Productique)**
- **L'anglais du tourisme, hôtellerie et restauration**
- **Communiquer en anglais scientifique**
- **Dictionnaire de l'anglais de l'informatique**
- **L'anglais juridique**
- **Dictionnaire bilingue de l'argot d'aujourd'hui**

□ Pour s'aider d'ouvrages de référence :
- **Dictionnaire de l'anglais d'aujourd'hui**
- **Grammaire de anglaise pour tous (débutants)**
- **Grammaire de l'anglais d'aujourd'hui (2e cycle)**
- **Correspondance pratique pour tous**
- **L'anglais sans fautes**
- **La prononciation de l'anglais**

□ Pour prendre contact avec des œuvres en version originale :
• Série bilingue (extrait du catalogue avec plus de 45 ouvrages) :

*** = ➡ Niveaux :** □ facile (1er cycle) □□ moyen (2e cycle) □□□ avancé

■ ***À thème***
- **L'anglais par les chansons* (GB/US)** □
- **La Grande-Bretagne à travers sa presse*** □□□
- **L'Amérique à travers sa presse*** □□□
- **Bilingue anglais scientifique* (US/GB)** □□

■ ***Auteurs anglais :***

Carroll (L.) □□
Dickens (Ch.) □□
Doyle* (A.C.) □□
Greene* (G.) □□
Jerome* (J.K.) □
Kipling* (R.) □□
Lawrence* (D.H.) □□□
Mansfield* (K.) □□□
Maugham* (S.) □□
Stevenson* (R.L.) □□
Tolkien (J.R.R.) □
Wilde* (O.) □
Wodehouse (P.G.) □□

■ ***Auteurs americains :***

Bellow (S.) □□□
Bradbury (R.) □□
Chandler* (R.) □□
Fitzgerald* (S.) □□
Highsmith* (P.) □□
Hitchcock* (A.) □□
James* (H.) □□□
King* (Steven) □□
London* (J.) □□
Nabokov (V.) □□□
Nouvelles classiques* □□
Twain* (M.) □□

= Existence d'un coffret : Livre + K7

Attention ! Les cassettes ne peuvent être vendues séparément du livre.

Également :

ALLEMAND - ARABE - CHINOIS - ESPAGNOL - FRANÇAIS - GREC - HÉBREU - HONGROIS - ITALIEN JAPONAIS - LATIN - NÉERLANDAIS - POLONAIS - PORTUGAIS - RUSSE - TCHÈQUE - TURC - VIETNAMIEN

L'ANGLAIS

sans fautes

Lionel DAHAN

Docteur en études nord-américaines

•

Professeur à l'École Supérieure
de Commerce de Paris

POCKET

ISBN 2-266-06113-5

SOMMAIRE

SIGNES PHONÉTIQUES

prononciation

sons voyelles

[i] [ɪ] **pit**, un peu comme le i de *site*
[æ] **flat**, un peu comme le a de *patte*
[ɒ] ou [ɔ] **not**, un peu comme le o de *botte*
[ʊ] ou [u] **put**, un peu comme le ou de *coup*
[e] **lend**, un peu comme le è de *très*
[ʌ] **but**, entre le a de *patte* et le eu de *neuf*
[ə] jamais accentué, un peu comme le e de *le*

voyelles longues

[i:] **meet** [mi:t], cf. i de *mie*
[ɑ:] **farm** [fɑ:m], cf. a de *lame*
[ɔ:] **board** [bɔ:d], cf. o de *gorge*
[u:] **cool** [ku:l], cf. ou de *mou*
[ɜ:] ou [ə:] **firm** [fə:m], cf. e de *peur*

semi-voyelles

[j] **due** [dju:], un peu comme *diou*

diphtongues (voyelles doubles)

[ai] [aɪ] **my** [mai], cf. *aïe !*
[ɔi] [ɔɪ] **boy**, cf. *oyez !*
[ei] [eɪ] **blame** [bleim], cf. eille dans *bouteille*
[aʊ] ou [au] **now** [naʊ], cf. aou dans *caoutchouc*

[əʊ] ou [əu] **no** [nəʊ], cf. e + ou
[iə] [ɪə] **here** [hiə], cf. i + e
[eə] **dare** [deə], cf. é + e
[ʊə] ou [uə] **tour** [tʊə], cf. ou + e

consonnes

[θ] **thin** [θin], cf. s sifflé (langue entre les dents)
[ð] **that** [ðæt], cf. z zézayé (langue entre les dents)
[ʃ] **she** [ʃi:], cf. ch de *chute*

[ŋ] **bring** [brɪŋ], cf. ng dans *ping-pong*
[ʒ] **measure** ['meʒə], cf. le j de *jeu*
[h] le h se prononce ; il est nettement expiré

accentuation

['] accent unique ou principal, comme dans **mother** ['mʌðə]
[ˌ] accent secondaire, comme dans **photographic** [ˌfəʊtə'græfɪk]

* indique que le r, normalement muet, est prononcé en liaison ou en américain

SIGNES ET PRINCIPALES ABRÉVIATIONS

utilisés dans les notes

≠	....	contraire de
□	....	attention à...
⊖	....	à éviter
◇	....	à employer
○	....	faux ami
∅	....	absence de...
abr.	....	abréviation
adj.	....	adjectif
adv.	....	adverbe
c.-à-d.	....	c'est-à-dire
fam.	....	familier
fig.	....	figuré
qqch.	....	quelque chose
qqun	....	quelqu'un
sbd	....	*somebody*
sth	....	*something*
syn.	....	synonyme

* indique que ce mot est traité dans la partie **Vocabulaire français ou anglais**

INTRODUCTION

Langue de communication mondiale, l'anglais permet assez facilement l'échange d'informations simples.

Les erreurs grammaticales et lexicales sont, à ce stade, sans gravité, dans la mesure où elles ne font pas obstacle à la compréhension.

• Mais dès que l'on cherche à s'exprimer avec plus de précision, dans des domaines ou des situations où l'approximation n'est pas de mise, l'anglais recèle — tout particulièrement pour les francophones — des traîtrises telles que des années d'étude ou de pratique n'en viennent pas nécessairement à bout. Même lorsque les erreurs qui en découlent sont relativement bénignes, ce qui n'est pas toujours le cas, leur fréquence même, leur caractère prévisible et quasi mécanique donnent une image défavorable de nos aptitudes linguistiques.

• De plus, des fautes qui peuvent « passer » à l'oral (et tout dépend encore du type de situation ou d'auditoire) font très mauvais effet à l'écrit.

Surtout, si elles ne sont pas corrigées, elles condamnent à l'à-peu-près et gèlent les progrès.

• *L'anglais sans fautes* a pour but d'éliminer ces fautes et de permettre de pratiquer l'anglais, à l'écrit comme à l'oral, avec l'aisance et la sécurité que donne une expression correcte.

Les « fautes » répertoriées ici ont été collectées au cours de vingt années de participation à des jurys d'examens et de concours à partir de l'observation de plus de 10 000 candidats.

• Dans chacune des parties de cet ouvrage (Vocabulaire, Grammaire, Orthographe, Prononciation), les fautes « traditionnelles » sont identifiées, commentées et corrigées, et les formules correctes présentées avec de nombreux exemples.

• Conçue comme une méthode destinée à être étudiée du début à la fin, *L'anglais sans fautes* se prête aussi à la consultation « dans le désordre » ou à la recherche ponctuelle, grâce aux index et systèmes de renvois croisés.

• Nous conseillons cependant au lecteur de s'assurer d'abord qu'il est capable de réussir les exercices de la section « Chassez la faute » et de traduire correctement les phrases de thème de la partie grammaticale. Après consultation des corrigés, et selon les résultats, une relecture plus systématique de l'ouvrage pourra se révéler nécessaire.

• Quelle que soit la méthode de travail adoptée, *L'anglais sans fautes* vous débarrassera de ces fautes rebelles qui compliquent les relations des francophones avec l'anglais.

Lionel DAHAN

Après avoir enseigné la linguistique générale et l'anglais à la Sorbonne, Lionel DAHAN s'est spécialisé dans la langue des affaires et la lexicographie appliquée au vocabulaire économique. Il est professeur d'anglais à l'École Supérieure de Commerce de Paris où il a été directeur des Relations internationales. Il est auteur, coauteur ou traducteur des ouvrages suivants :

- ***Pictures of Our World***, Europe Editions, 1971.
- ***Le langage***, Payot, 1976.
- ***Dictionnaire de l'anglais économique et commercial***, Presses Pocket, 1980.
- ***Décider face à la complexité***, Entreprise Moderne d'Edition, 1984.
- ***M., le nouvel esprit d'entreprise***, InterEditions, 1985.
- ***Le nouveau manager rationnel***, InterEditions, 1986.
- ***Meet the American Press : L'Amérique d'aujourd'hui à travers sa presse***, Bilingue, Presses Pocket, 1986.
- ***Tales of Immorality, Contes immoraux, Patricia Highsmith***, Bilingue, Presses Pocket, 1988.
- ***Capitalisme, communisme et coexistence, J.K. Galbraith et S. Menchikov***, InterEditions, 1988.
- ***Score Civilisation USA***, Presses Pocket, 1990.

1 VOCABULAIRE français-anglais

ACCENT

Ce mot a différents équivalents anglais selon son sens : **accent**, **stress** ou **emphasis**.

• **accent** s'applique à un accent national, régional ou orthographique. Dans le verbe correspondant, **to accent**, c'est la deuxième syllabe qui est tonique [ək'sent].

> ***He has a French, an Alsatian accent.***
> *Il a l'accent français, alsacien.*
> ***The word is spelled / spelt with an acute accent.***
> *Ce mot prend un accent aigu.*

• Au sens d'*accent tonique* ainsi qu'au sens figuré, on emploie **a stress / to stress**.

> ***The second syllable is stressed in the word "Japan".***
> *La deuxième syllabe est accentuée dans le mot « Japan ».*
> ***In his address*, the President stressed / emphasized / laid the emphasis on / the importance of the issue*.***
> *Dans son discours, le Président a mis l'accent sur / a souligné l'importance de cette question.*

ACCEPTER

Lorsque ce verbe est suivi d'un infinitif dans une phrase française, il ne peut être traduit en anglais par **to accept**.

ϴ « He accepted to do it » est incorrect.

◇ *He **agreed** to do it.* *Il accepta de le faire.*

Les seules constructions possibles avec **to accept** sont en principe :

> ***to accept sth** ; **to accept doing sth** ;*
> ***to accept that sth should be done**.*

ACCUEILLIR

to welcome ne traduit ce verbe que dans les cas où son complément d'objet direct est une personne.

• Aussi, dans des phrases telles que *Ce parking peut accueillir 500 voitures*, c'est le verbe **to accommodate** (☐ redoublement du **c** et du **m**) qui sera un équivalent approprié : **This parking lot can accommodate 500 cars**.

• D'autres verbes peuvent être mieux adaptés à certains contextes :

> *Paris accueillera peut-être les jeux Olympiques.*
> *Paris might **host** the Olympic Games.*

La réforme fut accueillie comme un progrès considérable.
The reform was hailed as a major progress.
Cette annonce fut accueillie par des applaudissements.
The announcement was greeted with cheers.

ACTUALITÉ

◇ **current events** ou **current news**.

Il ne s'intéresse pas à l'actualité.
He is not interested in current events.

c'est une question d'actualité	***this is a topical issue***
une question d'actualité brûlante	***a hot issue***

⊖ **actuality** qui désignerait à la rigueur « le caractère réel de qqch., son existence matérielle ».

ACTUELLEMENT

◇ cet adverbe peut se traduire par **now**, **currently**, **at present**. Éviter d'employer **presently** qui peut signifier *bientôt*, *tout à l'heure* en GB. Ainsi, *le Premier ministre actuel* se dit **the present** ou **the current Prime Minister**. □ **The actual Prime Minister** signifierait *le véritable Premier ministre*.

○ **actually**, *réellement*, *vraiment*.

AFFAIRE

L'anglais **affair*** évoque en général une opération ou une liaison plutôt scandaleuse.

the Watergate affair *l'affaire du Watergate*
Gary had an affair with his secretary.
Gary a eu une liaison avec sa secrétaire.

◇ aux sens les plus courants du terme, employer **matter** ou **business**.

A matter of the utmost importance.
Une affaire de la plus haute importance.
This is none of your business.
Ce ne sont pas tes affaires. / Cela ne te regarde pas.
He is not interested in business.
Il ne s'intéresse pas aux affaires.
They have set up a new business (firm, enterprise, company).
Ils ont monté une nouvelle affaire.

◇ lorsque ce terme désigne *une bonne affaire*, il se traduit par **a bargain**, **a good deal**.

□ *le ministre des Affaires étrangères*
the Foreign (Affairs) Minister

AFFECTER QQUN À (UN POSTE)

to assign / to appoint sbd (to a position)

⊖ « to affect sbd (to a position) ».

He has been assigned, appointed to a new position.
Il a été affecté à un nouveau poste.

• *affecter / attribuer (des fonds) à qqch.*
to allocate / to allot / to earmark (funds) to sth.

$ 3 million will be earmarked for this operation.
3 millions de dollars seront affectés à cette opération.

• Dans les autres cas, **to affect** constitue un équivalent acceptable, bien que d'autres verbes lui soient fréquemment préférés.

This sector was hard hit by the crisis.
Ce secteur a été durement affecté par la crise.

AGRÉABLE

◇ **pleasant** ['plezənt], **nice**.

⊖ **agreeable** est un faux ami qui signifie *d'accord, disposé* (pour une personne) ou *acceptable* (pour une chose).

This offer is agreeable to me.
Cette offre me convient.
I am quite agreeable (to this / to do this).
Je veux bien (le faire). / Je ne demande pas mieux.

ÂGE

Dans la plupart des cas l'anglais **age** est un équivalent correct de ce mot français. Lorsque ce dernier est synonyme de *vieillesse* ◇ **old age**.

Il prend de l'âge.	***He's getting old.***
le troisième âge	***elderly people / senior citizens*** (US)

Voir *an* et *année*.

AIDER

L'anglais utilise le verbe **to help** dans un certain nombre de tournures idiomatiques où il n'a pas du tout le sens d'aider. Voir l'entrée **to help** (Vocabulaire anglais).

AIR

Un *air* (de musique) ne se traduit pas par **air** mais par **tune**.

Voir ci-dessous la locution *avoir l'air* ainsi que l'entrée **air** dans la partie Vocabulaire anglais.

AN

L'anglais **year** traduit à la fois le français *an* et *année*, c'est-à-dire aussi bien l'âge que la durée.
On dira ainsi :

He has lived here for twenty years.
Il vit ici depuis vingt ans (durée).
He is twenty years old. / He is aged twenty. / He is twenty years of age ou, tout simplement ***He is twenty.***
Il a vingt ans (âge).

☐ en aucun cas « he is twenty years ».
Comparez ces deux phrases :

After 55 (⊖ « after 55 years old » est impossible), ***it is difficult to change jobs.***
Après (l'âge de) 55 ans, il est difficile de changer d'emploi.
After 15 years with the same company (...).
Après 15 années passées dans la même entreprise (...).

ANNÉE

Se reporter à l'entrée *an* pour la distinction entre l'âge et la durée.

• *les années trente*, *les années quarante*, *les années cinquante*, etc., **the thirties, the forties, the fifties**, etc.

Le terme **years** n'est jamais employé dans ces expressions qui sont le plus souvent écrites en chiffres, l'**s** étant accolé au **0** :

the 30s, the 40s, the 50s.

• Une telle graphie permet de distinguer ces locutions d'une forme voisine qui ne s'écrit jamais en chiffres et qui exige l'emploi obligatoire de l'adjectif possessif au lieu de l'article défini :

She is in her twenties.
Elle a une vingtaine d'années (entre 20 et 30 ans).
They are in their sixties.
Ils ont la soixantaine.

On pourra dire ainsi, en rapprochant une période et un âge :

She lived in London in the 40s. She was then in her twenties.
Elle vécut à Londres dans les années quarante. Elle avait alors une vingtaine d'années.

• Lorsque l'on veut exprimer un âge en réduisant l'approximation, on a recours à des adjectifs qui situent plus précisément la personne à l'intérieur d'une tranche de dix ans :

He is in his early / mid- / late forties.
Il a une petite quarantaine / la quarantaine / une bonne quarantaine d'années.

• Ces mêmes adjectifs peuvent s'appliquer à une décennie :

in the early / mid- / late twenties
au début / au milieu / à la fin des années vingt.

À PEINE (SI / QUE)

Voir, ci-dessous, *dur, durement.*

APPELER

⊖ « how do you call this dog ? »

Cette faute est d'une extrême fréquence chez les Français qui ne sont pas conscients de faire un calque de la question : *comment appelez-vous / appelle-t-on ce chien ?*

◇ **what do you call this dog ?**

C'est ainsi que doit être posée la question si ce que l'on cherche à savoir est la race de l'animal.

Si l'on veut connaître son nom, on dira : **What's the name of this dog ?**

□ **how do you call this dog ?** serait correct si la question portait sur la manière ou le moyen employés pour l'appeler : en sifflant, en criant, en claquant des doigts, etc.

• La même construction s'applique bien entendu aux objets inanimés :

What do you call this machine ? What is it called ?
Quel est le nom de cet appareil ?
What is Salisbury steak and why is it called that ?
Qu'est-ce que le steak Salisbury et pourquoi ce plat porte-t-il ce nom ?

• Pour les personnes, dire : **what's his brother's name** (*comment s'appelle son frère ?*) et non **what do you call his brother ?** qui signifierait plutôt *de quoi traitez-vous son frère ?* (Cf. *traiter.*)

□ ***He called me a liar.***
Il m'a traité de menteur.
They called me names.
Ils m'ont traité de tous les noms.

APPOINTEMENTS

○ L'anglais **appointments** ne signifie que *rendez-vous* ou *nominations*.

◇ **(wages and) salaries** (voir *salaire*).

In this industry / sector, wages and salaries have not been raised for one year.
Dans ce secteur, les appointements n'ont pas été revalorisés depuis un an.

Autres équivalents : **pay**, **remuneration**, **compensation**, **fees**, ce dernier ayant le sens d'*honoraires*.

APPRENDRE

Il ne faut pas confondre les deux constructions de ce verbe en français, selon qu'il signifie soit *enseigner*, soit *étudier*, et auxquelles correspondent deux traductions différentes en anglais.

◇ **to teach sbd sth**, *apprendre*, *enseigner qqch. à qqun.*

He will teach me data-processing.
Il va m'apprendre l'informatique.

She taught me how to do it.
Elle m'a appris à le faire.

⊖ « to learn sbd sth » est impossible.

☐ à distinguer de : **to learn**, **to study**, *apprendre*, *étudier*.

I am learning / studying Spanish.
J'apprends / J'étudie l'espagnol.

Au sens d'*informer*, on emploiera **to tell (sbd about sth)**, **to inform (sbd about sth)**, **to let sbd know (about sth)**, **to notify (sbd of sth)**.

How did you know (about it) ?
Comment l'as-tu appris ? (Comment en as-tu été informé ?)

I heard that he will visit us.
J'ai appris qu'il allait venir nous voir.

ARABE

Veiller à ne pas confondre les différents équivalents de ce mot.

Iranians are not Arabs but Moslems.
Les Iraniens ne sont pas arabes mais ils sont musulmans.

I don't speak Arabic.	*Je ne parle pas l'arabe.*
Arabian customs	*coutumes arabes*
Arabian nights	*les Mille et Une Nuits*
Arabian horse	*cheval arabe*

ARRIVER

to arrive ne peut s'appliquer à un événement.

◇ **to happen, to occur, to take place**.

N.B. : **to occur** et **to happen** signifient l'un et l'autre *arriver, se produire*, mais **to happen** s'applique à un événement plus fortuit, moins prévisible.

• *arriver / réussir à faire qqch.*, **to manage to do sth / to succeed in doing sth.**

Il (y) a réussi. — ***He made it.*** (fam.)

• *arriver à / parvenir à qqch.*, **to reach / to achieve sth.**

Les négociateurs sont arrivés / parvenus à un accord.
The negotiators have reached / achieved an agreement.

Voir l'entrée **to occur** dans la partie Orthographe à propos du redoublement de la consonne finale dans les formes conjuguées de ce verbe.

ASSISTER À QQCH.

◇ **to attend sth**

Ce verbe est un transitif direct qui se construit sans préposition.

⊖ « to assist to sth » est impossible et ne correspond pas au français *assister à qqch.*

The President did not want to attend the conference.
Le Président n'a pas voulu assister à la conférence.

À distinguer de :

The President did not want to attend to the conference.
Le Président n'a pas voulu s'occuper de la conférence.
Are you being attended to ?
Est-ce qu'on s'occupe de vous ?
to assist sbd — *aider, assister qqun*

ATTENTION (FAIRE ... À)

◇ **to pay attention to sth**, **to heed sth**, **to watch sth**.

⊖ « to make attention to sth »

Watch your manners !
Tiens-toi bien (fais attention à, surveille tes manières) !

Lorsque l'expression suggère un certain danger, elle peut se traduire par **to be careful**, **to be cautious** ou encore par **to watch** ainsi que d'autres tournures adaptées au contexte.

Watch your step ! Mind the step !
Attention à la marche !
Watch out ! Look out ! *Attention !*
Never mind what he'll say.
Ne faites pas attention à ce qu'il dira.

☐ pour attirer l'attention d'un auditoire ou d'un public, on dira : **Your attention please !** (parfois prononcé **'tention please !**)

AUPRÈS DE

• Lorsque cette locution a son sens spatial, elle peut avoir les mêmes équivalents que *près de* (voir ce mot).

• Lorsqu'elle est synonyme de *parmi*, elle ne peut se traduire que par **among / amongst**.

⊖ « this singer is quite popular near teenagers » (*ce chanteur connaît un gros succès auprès des adolescents*) est impossible.

◇ **among teenagers, with teenagers.**

L'enquête a été réalisée auprès de 500 personnes.
The survey was carried out among 500 people.

AUSSI (= ÉGALEMENT)

• On peut en général choisir indifféremment **also** ou **too** pour traduire cet adverbe.

Il faut cependant veiller à les employer à la place qui leur convient respectivement : **also** à proximité du terme qu'il détermine ; **too** en principe en fin de phrase, précédé d'une virgule.

It's also going to cost a lot. / It's going to cost a lot, too.
Cela va aussi coûter très cher.
I also believe that... *Je pense également que...*

Cette même phrase peut être prononcée avec une emphase sur le **I**, signalée par le soulignement du pronom dans un texte manuscrit ou par l'italique dans un texte d'imprimerie. Elle signifie alors : *moi aussi, je pense que...*

He too is very busy. *Lui aussi est très occupé.*
He is very busy, too. *Il est très occupé également.*

He also is very busy pourrait se traduire par *Il faut dire aussi qu'il est très occupé.*

• Dans les réponses brèves du type *moi aussi*, *eux aussi*, etc., la construction à employer dépend du verbe de la phrase précédente.

Paul likes tea. — So do I. *Paul aime le thé. — Moi aussi.*

N.B. : dans la langue parlée, on entend fréquemment **me too**, à la place de **so do I**.

I shall arrive tomorrow. — So will they.
J'arriverai demain. — Eux aussi.
They can go now. — So can you.
Ils peuvent y aller maintenant. — Vous aussi.

• Les formes du type *moi non plus*, *nous non plus* ont deux constructions équivalentes :
— en remplaçant le **so** des formes affirmatives par **neither**. Dans les exemples précédents, on aurait : **neither do I** ; **neither will they** ; **neither can you** ;
— en adoptant la construction pronom + auxiliaire + **n't** + **either**, c'est-à-dire pour les mêmes exemples : **I don't either** ; **they won't either** ; **you can't either**.

AVERTIR

to warn est assez rarement un équivalent approprié de ce verbe, qui, dans ses emplois les plus courants, est synonyme de *prévenir*, *annoncer*, *informer*, tandis que **to warn** signifie en général *mettre qqun en garde* et implique donc un certain danger.

◇ **to let sbd know / to tell sbd / to inform sbd (about sth) / to notify sbd of sth / to give sbd notice of sth** (avis officiel).

Si tu ne peux pas venir, avertis-moi.
Let me know / please tell me / inform me if you can't come.
Il m'a averti que c'était dangereux.
He warned me that it was dangerous.

○ **to avert** signifie *écarter*, *éloigner*, *prévenir* (un malheur, un danger) ; *éviter*, *parer à* (une catastrophe, un accident). Voir *prévenir*.

AVEUGLE

Lorsque l'adjectif **blind** est substantivé, c'est un collectif singulier qui ne prend jamais d'**s**.

the blind*, *blind people, *les aveugles ;*
un(e) aveugle, ***a blind man / woman***, ***a blind person***

Il existe également un nom, ayant un sens différent, et qui peut s'employer normalement soit au singulier, soit au pluriel :

a blind, *un store ;* ***blinds***, *des stores.*

C'est pourquoi **the blinds** ne peut pas signifier *les aveugles*, mais *les stores*.

AVOIR L'HABITUDE DE

used to ne peut s'employer qu'au passé.

When I was a child, I used to read comics.
Lorsque j'étais petit, je lisais / j'avais l'habitude de lire des bandes dessinées.

Voir l'entrée « forme fréquentative » **« used to »** dans la partie Grammaire.

◇ au présent, on emploie **to be used to doing sth**, **to be in the habit of doing sth**, **to have the habit of doing sth**.

⊖ « to use to do sth » est une construction impossible.

I am not used to drinking so much coffee.
Je n'ai pas l'habitude de boire tant de café.

Remarquer que dans de tels contextes, **to** est une préposition, et non la marque de l'infinitif. D'où l'emploi obligatoire de la forme en **-ing**, lorsque **to** est suivi d'un verbe. C'est bien parce qu'il s'agit d'une préposition que l'on peut dire :

I am used to it. *J'y suis habitué.*
I am not used to such heat.
Je ne suis pas habitué à une telle chaleur.

□ on peut aussi avoir recours à des adverbes tels que **usually**, **generally**, **as a rule**.

He usually / generally leaves at five.
Il a l'habitude de partir à cinq heures.

AVOIR L'AIR / SEMBLER

Outre les traductions fréquentes par **to seem**, **to appear**, etc., ces expressions ont cinq traductions anglaises correspondant aux cinq sens par lesquels peut se percevoir une impression.

• La vue : **he looked* concerned**, *il avait l'air préoccupé*.

• L'ouïe : **he sounded rather cheerful on the telephone,** *il avait l'air plutôt gai / enjoué au téléphone.*

• L'odorat : **the stew smells very good,** *le ragoût a l'air très bon* (la personne qui parle ne fait que le sentir).

• Le goût : **the apple-pie tastes very good,** *la tarte aux pommes est (semble) bonne* (la personne qui parle la goûte).

• Le toucher : **it does not feel that hot,** *ça n'a pas l'air si chaud* (la personne qui parle touche un objet).

□ **it feels good,** *ça fait du bien* (au physique ou au moral).

BÉNÉFICE

L'anglais **benefit** n'est pas, en général, une traduction correcte de ce terme puisqu'il signifie *avantage* (pas nécessairement pécuniaire), *indemnité, prestation.*

unemployment benefit / compensation / allowance
indemnité / allocation de chômage
sickness benefit *indemnité de maladie*
fringe benefits *avantages divers*

Ces derniers peuvent aller de la voiture de fonction à des systèmes de retraite complémentaire en passant par toutes sortes de primes, si bien qu'il ne faut pas les confondre avec les *avantages en nature,* **in-kind benefits.**

This new product offers numerous benefits to the consumer.
Ce nouveau produit offre de nombreux avantages au consommateur.
He will derive the utmost benefit from his stay in the United States.
Il profitera pleinement (tirera le plus grand avantage) de son séjour aux Etats-Unis.

◇ le français *bénéfice(s)* se traduit par **profit(s)**, sauf lorsqu'il signifie *avantage* au sens large.

Lisez cet ouvrage, vous en tirerez le plus grand bénéfice.
Read this book, you'll derive the utmost benefit / profit from it.

BON

Éviter de traduire systématiquement cet adjectif par **good**.

• Lorsqu'il exprime une qualité humaine, employer **kind**.

He is a very kind person. *Il est très bon.*

• Lorsqu'il exprime la justesse ou l'exactitude, employer **correct**, **accurate**, **exact**.

His answer was correct / accurate.
Sa réponse était bonne / exacte.

• Lorsqu'il décrit le caractère adapté à une situation, employer **right**.

The right man in the right place.
L'homme de la situation.
He asked the right question.
Il posa la bonne question (celle qu'il fallait poser, s'opposant à : *la mauvaise*, ***the wrong question***).

• **good** indique soit la bonté dans l'absolu, soit la compétence dans un domaine particulier.

He has always been very good to me.
Il s'est toujours montré très bon pour moi.
She is very good at mathematics / at tennis.
Elle est très bonne en mathématiques / en tennis.

N.B. : penser également à employer des termes tels que **appropriate, adequate, suitable**.

CÉLÈBRE

◇ **famous, renowned, well-known**.

Éviter de traduire cet adjectif par **notorious**. Voir cette entrée dans la partie Vocabulaire anglais.

CHANGER DE

Contrairement au français où cette expression précède un substantif singulier (« changer de chemise, de voiture, de banque... »), en anglais **to change** n'est jamais accompagné de **of** et il est toujours suivi d'un substantif pluriel ; **to change shirts, cars, banks...**

Dans certains contextes, on peut bien sûr rencontrer d'autres équivalents.

He has bought a new car. *Il a changé de voiture.*
They have changed their minds. *Ils ont changé d'avis.*

CHIFFRE

number est le plus souvent un équivalent incorrect, dans la mesure où il désigne un *nombre* ou un *numéro* plutôt qu'un *chiffre* (ensemble de nombres).

○ quant à **cipher** ['saifə(r)], c'est un faux ami qui signifie *code* (chiffre au sens militaire).

◇ **figure** ['figə(r)].

I dialled the wrong number. *J'ai composé un faux numéro.*

The latest unemployment figures are alarming.
Les derniers chiffres du chômage sont alarmants.

Dans d'autres contextes, l'anglais **figure** désigne la *silhouette*, la *ligne* :

to keep one's figure *garder la ligne*

COMME

À ce terme correspondent **like** et **as** qui ne peuvent s'employer indifféremment. À la différence de **as** qui peut être tantôt préposition, tantôt conjonction, **like** ne peut en principe introduire une proposition. On le trouve toutefois dans cet emploi en américain dans la langue familière : **like I told him**, *comme je (le) lui ai dit*.

◇ **like** ne doit être employé que comme une préposition, devant un nom. D'autre part, ce terme suggère une simple comparaison, tandis que **as** peut correspondre à la locution *en tant que*, *en qualité de* (**in the capacity of**).

Se reporter dans la partie Thèmes grammaticaux au commentaire de la phrase N 18 et comparer les trois phrases suivantes :

Although he is an amateur, he acts like a professional (= as a professional would).
Bien qu'il soit un amateur, il joue comme un professionnel.
He is internationally recognized as a top professional.
Il est internationalement reconnu comme un professionnel de haut niveau.

À distinguer de :

He is not so good as a real professional.
Il n'a pas le niveau d'un véritable professionnel (= il n'est pas aussi bon que...).

COMPLÉTER

◇ **to complement**, **to supplement**, **to add to**.

⊖ **to complete** qui signifie *achever*, *terminer*, d'où le substantif **completion**, *achèvement*.

☐ *compléter un formulaire*, **to fill in, to fill out a form**.

COMPRÉHENSIF

Traduire cet adjectif, selon le contexte, par **understanding**, **sympathetic**, **tolerant**.

His parents are quite understanding.
Ses parents sont très compréhensifs.

○ **comprehensive** est un faux ami qui signifie *global, général, complet.*

a comprehensive programme
un programme complet et détaillé (qui couvre tous les aspects d'une question)

CONCURRENT (adj. et subst.)

◇ (adj.) **conflicting** ; **rival** ['rəivəl].

conflicting views serait, dans l'exemple précédent, l'équivalent exact d'*opinions concurrentes, opposées, divergentes.*

two rival firms *deux entreprises concurrentes*

□ **rival** peut avoir pour synonyme l'adjectif **competing**, à ne pas confondre avec **competitive**, *concurrentiel, compétitif* (bien armé contre la concurrence).

◇ (subst.) **a competitor, a rival.**

Au pluriel, on emploie bien sûr **competitors**, mais il est parfois remplacé par **the competition** : tout comme en français, *la concurrence* peut se substituer aux *concurrents.*

The competition has already launched promotional sales.
Nos concurrents ont déjà lancé des ventes promotionnelles.

⊖ l'anglais **concurrent** ne peut pas être un équivalent correct du substantif français puisqu'il ne fonctionne que comme adjectif avec un sens différent.

The concurrent views of several experts.
Les opinions concordantes de plusieurs experts.

CONDUCTEUR (subst.)

○ Ne pas employer le faux ami **conductor** qui signifie *contrôleur* (de train, d'autobus) ou *chef d'orchestre.*

◇ **driver.**

(SE) CONNAÎTRE

Voir *se rencontrer.*

CONNU

◇ **well-known.**

He is a well-known writer. *C'est un écrivain connu.*

□ *Cet artiste est connu de la plupart des Américains.*
This artist is known to most Americans.
C'est l'un des candidats les plus connus.
He is one of the best known (most well-known, famous) candidates.

☐ **known** n'est pas un équivalent approprié dans la plupart des contextes où cet adjectif signifie *renommé*, *célèbre*. Voir également l'entrée *célèbre*.

CONQUÉRIR

◇ **to conquer** ['kɔŋkə].
Veiller à bien prononcer le début de la deuxième syllabe [k] et non [kw], comme dans **quality**. Par ailleurs, c'est la première syllabe de ce verbe qui porte l'accent tonique, le distinguant ainsi de **to concur** [kən'kɜː], *être d'accord, partager une opinion avec qqun*.

⊖ « to conquest » n'existe pas, mais uniquement sous la forme du substantif **conquest**.

CONSOMMATION

À ce mot correspond normalement l'anglais **consumption**. Cependant, dans un certain nombre d'expressions courantes dans lesquelles un substantif est déterminé par le complément de nom « ... *de consommation* », il se traduit plutôt par **« consumer... »**.

la société de consommation	***the consumer society***
produits de consommation	***consumer goods***

Ces expressions s'ajoutent à la longue liste des composés tels que **consumer behavio(u)r** (*comportement des consommateurs*) ou **consumer response** (*réaction des consommateurs*).

⊖ bannir l'orthographe fautive « consummer » qui ferait rimer ce mot avec « summer ».

CONVAINCRE

☐ ne pas confondre **to convince** qui a bien le sens de *persuader* et **to convict*** qui n'est un équivalent correct que dans l'acception juridique du terme (*convaincre qqun d'un crime, déclarer qqun coupable d'un crime*, **to convict sbd of a crime**).

COURAMMENT

Voir **currently** dans la partie Vocabulaire anglais.

Il parle couramment anglais.
He speaks English fluently. / He speaks fluent English. / His English is fluent.

COURANT

□ **current** a le plus souvent le sens d'*actuel* (cf. *actuellement* et **currently**), mis à part des expressions telles que :

current price	*prix courant*
the current, present month	*le mois courant*
current, prevailing opinion	*opinion courante*

◇ le français *courant* se traduit par **common**, **ordinary**, **usual**, **standard**, **average**, **frequent**.

usual practice, standard procedure *pratique courante*
The ECU is not a very common / frequent currency yet.
L'ECU n'est pas encore une devise très courante.

• *être au courant de qqch.*, **to be aware of sth, to be informed on sth, to know (about sth), to be in the know** ; (fam.) **to be in the picture, to be in on sth.**

• *anglais courant*, **fluent English.**

CRITIQUE

Ne pas confondre tous les sens et emplois de ce substantif auquel correspondent plusieurs traductions en anglais.

• **criticism** a la plupart du temps un sens négatif et reste souvent invariable pour traduire le pluriel français :

diriger des critiques contre qqun
to make sbd a target for criticism / to level criticism at sbd

• **critique**, **review** désignent une analyse critique (qui peut donc être positive) :

La critique de la pièce a été très bonne.
The review, critique of the play was very good.

• **critic** désigne *un critique*, souvent professionnel :

Il est critique littéraire au Times.
He is a literary critic for the Times.
Les détracteurs, adversaires du projet se sont engagés dans de violentes protestations.
Critics of the project have engaged in violent protest.

critical est l'adjectif correspondant :

Ils ont une attitude critique vis-à-vis de ce projet.
They have a critical attitude towards this project.
La situation est critique. ***The situation is critical.***

DÉCEVOIR

to disappoint.

○ to deceive, *tromper*.

De même pour le substantif **deception**, *tromperie*, **disappointment**, *déception*, ainsi que pour l'adjectif **deceiving/deceptive**, *trompeur*, **disappointing**, *décevant*.

deceptive advertising *publicité mensongère*
misleading information
information trompeuse, qui induit en erreur

(SE) DÉCIDER

to make up one's mind.

Voir aussi **to decide** dans la partie Vocabulaire anglais.

DÉFINIR

• **to define** [di'fain].

⊖ la forme verbale « to definite » n'existe pas ; **definite** ['definit] ne peut être qu'un adjectif signifiant *déterminé*. Voir *définitif*.

• Dans une acception assez large, ce verbe peut avoir d'autres traductions : **to outline**, *définir qqch. dans ses grandes lignes* ; **to spell out**, *définir qqch. en détail*.

DÉFINITIF

L'anglais **definitive** est un équivalent statistiquement assez rare mais néanmoins possible :

the definitive edition of the book *l'édition définitive de ce livre*

Cependant, des exemples tel ce titre de journal ne supportent pas la traduction littérale :

Miami is the definitive city of the 80s.

On est forcé de lui chercher des équivalents tels que : *Miami est incontestablement la ville des années 80* (c'est elle qui est le plus profondément marquée par cette décennie : **the ultimate city of the 80s.**).

◇ l'équivalent le plus fréquent du français *définitif* est l'anglais **final** qui est donc un faux ami.

This is a final decision. *C'est une décision sans appel.*
The evidence* is final. *Les témoignages sont concluants. Les preuves ne laissent aucun doute.*

☐ **definite** ['definit] ne signifie pas *définitif* mais *défini*, *bien déterminé*, *précis*.

a definite answer *une réponse catégorique*

No definite answer has been given yet.
Aucune réponse précise n'a encore été donnée.

DÉGÂT

Voir *dommage*.

DEMANDER QQCH. À QQUN

◇ **to ask sbd sth** ou à la rigueur **to ask sth from sbd**.

⊖ « to ask sth to sbd. »

☐ *demander à qqun* se traduit en anglais sans recours à une préposition quelconque :

Ask my brother. *Demandez à mon frère.*

ou s'il y a mention d'un complément :

Ask my brother about it. *Demandez-le / cela à mon frère.*

Cette même construction peut être suivie d'un infinitif ou d'une proposition interrogative indirecte :

Ask my brother to come.
Demandez à mon frère de venir.

Ask my brother whether / if he can come ou ***whether / if he'll be able to come.***
Demandez à mon frère s'il peut / s'il pourra venir.

• *demander qqun/qqch.* exige en revanche l'emploi de **for** :

Ask for my brother. *Demandez mon frère.*
Ask for a beer. *Demandez une bière.*

☐ une locution qui a valeur de forme de politesse (puisqu'elle sous-entend que l'on dérange qqun) est également à noter :

May I trouble you for a beer? *Puis-je vous demander une bière ?*

• *se demander* se traduit par **to wonder** (sans pronom réfléchi) surtout devant **if** ou **whether** (*se demander si...*), bien qu'il soit possible de dire **to ask oneself**, lorsqu'on veut insister sur un choix personnel.

DERNIER

Ne pas traduire systématiquement cet adjectif par **last** puisqu'il a d'autres équivalents anglais qui sont souvent plus appropriés, voire indispensables : **latest** ou **latter** ['lætə] à ne pas confondre avec **later** ['leitə], *plus tard*.

◇ **latest**.

Quelles sont les dernières nouvelles ? (les plus récentes)
What's the latest news ?
Son dernier livre vient de paraître.
(si l'auteur est vivant, il en publiera probablement d'autres)
His latest book has just been published.

◇ **the latter** fait généralement suite à **the former**, *le(s) premier(s)... le(s) dernier(s)*.

Le dernier a été un grand succès.
(on parle du dernier livre d'un écrivain par rapport à une publication précédente)
The latter was a great success.

⊖ « this last one » est impossible comme équivalent de *ce dernier* qui se traduit par **the latter**.

□ du point de vue syntaxique, éviter d'employer un ordre des mots trop souvent calqué sur le français :

⊖ « the two last days, the ten last years. »

◇ ***The last two days, the last ten years / the last decade.***
Les deux derniers jours, les dix dernières années.

Dans la traduction d'expressions telles que *ces derniers jours*, *ces dernières années*, ne pas omettre l'emploi de **few** qui est indispensable.

⊖ « in the last years » est impossible au sens de *au cours de ces dernières années*.

◇ **in the last few years.**

Cette remarque s'applique également à **next** :

in the next few months *au cours des prochains mois*

Voir *premier*.

DÈS

Ne pas traduire cette préposition par **as soon as** qui est une conjonction correspondant au français *dès que* et introduisant une proposition subordonnée.

dès 1968
◇ ***as early as 1968 / as far back as 1968***

⊖ « as soon as 1968. »

dès ce moment ***from that (very) moment***
dès à présent ***from now on, henceforth***
dès son arrivée
the minute / the moment / as soon as / he arrives
(ou ***he arrived*** au sens de *dès qu'il arriva*)

DÉSERT (subst.)

Cf. **desert** dans la partie Prononciation.

DÉSERT (adj.)

Ne pas traduire ce mot par **desert** sauf dans les cas de **desert island, desert country** (= **uninhabited**).

◇ utiliser des adjectifs tels que **empty**, **forsaken**, **abandoned**, **lonely**.

☐ ***There was nobody in the street.*** *La rue était déserte.*

DÉSIGNER

◇ **to point at sth**, **to nominate**, **to appoint**.

Il désigna le panneau de stationnement interdit.
He pointed at the « No Parking » sign.
Il fut désigné comme candidat du parti républicain.
He was nominated as the G.O.P. candidate (= he is the nominee of the Grand Old Party).
Il fut désigné comme responsable du projet.
He was appointed (as) project manager.

⊖ **to design** : ce verbe est un faux ami qui signifie *concevoir*, *dessiner*.

Voir également l'entrée **designed** dans la partie Vocabulaire anglais.

DESTINÉ À

◇ **intended**, **meant**, **designed to** + verbe ; **intended for**, **aimed at**, **geared to** + nom.

De telles mesures sont destinées à enrayer le chômage.
Such measures are intended / meant / designed to curb unemployment.
Cette publication est destinée aux adolescents.
This publication is intended for / is aimed at / aims at / teenagers.

⊖ « destinated to. »

DÉTERMINER

◇ **to determine** [di'tə:min].

☐ la dernière syllabe n'étant pas accentuée, le **i** n'est pas diphtongué, contrairement à celui de **a mine** (*une mine*), **to undermine** (*miner*), **mining** (*extraction minière*).

⊖ « to determinate. »

DÉTRUIRE

◇ Traduire ce verbe par **to destroy**, terme qui ne présente aucune contre-indication, même si d'autres verbes tels que **to ruin** ou **to wreck** (*réduire à l'état d'épave*) peuvent être mieux adaptés à certains contextes.

□ éviter l'emploi de **to destruct** (verbe formé à partir du substantif **destruction**) qui peut être, au mieux, considéré comme un maniérisme inutile ou, au pis, comme un barbarisme.

Le titre de cet article relevé dans *Time*, **« Another Democrat Self-destructs »**, pourrait se justifier, en dehors de toute affectation journalistique, par le fait que le verbe est employé à son sens figuré (« *Un autre démocrate s'autodétruit* »).

DEVANT

• **before** a un sens temporel plutôt que spatial. Ainsi, une phrase telle que : *il a écrit cette lettre devant moi* doit se traduire par **he wrote this letter in front of me.**

⊖ ***He wrote it before me / before I did.***
Il l'a écrite avant moi.

• **ahead of** est un autre équivalent fréquent du français *devant*.

She was standing ahead of me in the queue.
Elle était devant moi dans la queue.

• Lorsque cette préposition a un sens abstrait, elle se traduit par **in view of**, **considering**, **given**.

devant la recrudescence de la criminalité
in view of the surge in crime
devant l'ampleur des dégâts
given / considering the extent of the damage

DIFFÉRENT (DE)

◇ **different from**.

⊖ Éviter des fautes telles que « different of », different as ». **different than** est un américanisme familier.

DIFFICULTÉS

◇ **to have difficulties (in) doing sth**, *avoir des difficultés à faire qqch.* ; **to find it difficult / hard to do sth** ; **to have trouble doing sth**, *avoir du mal / de la peine à faire qqch.*

I'll have no trouble completing the work in time.
Je n'aurai aucune difficulté à terminer le travail en temps voulu.

⊖ « to have difficulties to do sth. »

☐ *rencontrer des difficultés*, **to meet with difficulties**.

DIPLÔME

Ne pas systématiquement traduire ce mot par **diploma** ou **degree**. Penser à des traductions telles que :

Il a un diplôme de Harvard.
He is a Harvard graduate. / He graduated from Harvard.

DIPLÔMÉ

◇ **graduate**. Ce terme, adjectif ou nom, se prononce ['grædʒuət], se distinguant ainsi du verbe **to graduate** ['grædjueit].

Il est diplômé de UCLA.
He is a UCLA graduate.
He graduated from UCLA.
He has a UCLA degree.

DIRE (QQCH. À QQUN)

◇ **he said to me, he told me**.

⊖ « he said me, he told to me. »

• Lorsque le complément d'attribution est identifié, on peut employer indifféremment **say** ou **tell** à condition d'utiliser la construction qui convient, avec ou sans la préposition **to** : **to say sth to sbd** ou **to tell sbd sth**.

C'est ce que John leur a dit.
That is what John told them / said to them.
Elle nous l'a déjà dit.
She has already told us (about that) / talked to us about that.
Elle nous en a déjà parlé.
She has already said that to us *(elle nous a déjà tenu ces propos)*.

• Lorsque le complément d'attribution n'est pas explicitement mentionné, on peut seulement employer **to say**.

L'a-t-il dit ? — ***Did he say so / that ?***
Il ne l'a jamais dit. — ***He never said so / that.***
« Pas une seule fois », dit-il. — ***« Not once », he said.***

☐ *ça me dit quelque chose*, **it rings a bell (to me)** ; *cela ne me dit rien* : lorsque l'expression signifie *cela ne me rappelle rien*, elle se traduit par **it doesn't ring a bell (to me)** ou **it doesn't look / sound familiar (to me)**. Lorsqu'elle signifie *je n'en ai pas envie*, elle se traduit par **I don't feel like it** ou **it doesn't appeal to me.**

Voir également **to tell** dans la partie Vocabulaire anglais.

DIVISER EN

Attention à la préposition qui suit ce verbe.

◇ **to divide into.**

Cet article se divise en trois parties.
This article is divided into / falls into three parts.

⊖ « to divide in » est impossible.

DOMMAGE

damage ne peut s'employer que comme un collectif singulier au sens du français *dommages*, *dégâts*.

◇ *Les dégâts sont très importants.*
The damage is quite extensive.

damages qui, au contraire, s'emploie toujours au pluriel, traduit le français *dommages-intérêts*.

to sue sbd for damages
poursuivre qqun en dommages-intérêts

On ne peut pas utiliser le terme **damage** pour traduire l'expression *quel dommage !*

◇ **what a pity !** ou **what a shame !** (qui peut également signifier *quelle honte !*) ou encore **too bad !**

DOUBLE

L'anglais **double** se trouve en concurrence avec d'autres adjectifs auxquels on ne peut pas toujours le substituer. On dira ainsi **a double whisky, a double agent**, mais **a dual personality, a dual carriageway** (*une route à deux voies*), **a two-ply tissue** (*un mouchoir à double épaisseur*), **the problem is twofold**, *il y a un double problème*.

☐ *J'ai besoin d'un double de la facture.*
I need a duplicate of the invoice.

DUR, DUREMENT

◇ ***They work hard.*** *Ils travaillent dur.*
The region was hard hit by the depression.
La région a été durement touchée par la crise.

⊖ « they work hardly. »

hardly signifie *à peine, guère*.

They hardly work. *C'est à peine s'ils travaillent.*

There is hardly any left. *Il en reste à peine.*

He hardly ever comes.

Il ne vient presque jamais / que très rarement.

□ ***They had hardly left when / no sooner had they left than she burst out laughing.***

À peine étaient-ils partis / Ils n'étaient pas sitôt partis qu'elle éclata de rire.

ÉCONOMIQUE

Cet adjectif a deux traductions distinctes selon les deux sens qu'il a en français.

• Lorsqu'il est relatif à une économie nationale ou aux sciences économiques, il se traduit par **economic** [,iːkə'nɔmik].

un problème économique ***an economic problem***

une politique économique ***an economic policy***

• Lorsqu'il signifie (pécuniairement, financièrement) *avantageux*, il se traduit par **economical** [,ikə'nɔmikl].

un gadget économique ***an economical gadget***

une voiture économique ***an economical car***

Il est alors synonyme de **money-saving**, voire de **time-saving** (contraire : **time-consuming**).

□ autres équivalents possibles : **low-cost**, **inexpensive**, à la rigueur **cheap***.

Voir également l'entrée **economical**.

EFFICACE

Trois termes anglais correspondent à cet adjectif.

• **efficient** (subst. **efficiency**) se rapporte aux moyens mis en œuvre et traduit parfois le français *performant**.

an efficient method, ***efficient work*** ;

an efficient manager utilise au mieux ses compétences et les ressources dont il dispose.

• **effective** (subst. **effectiveness**) se rapporte au résultat obtenu.

an effective manager réussit ce qu'il entreprend.

an effective drug *un médicament efficace*

• **efficacious** (subst. **efficacy**) est plus rarement employé et se rapproche plutôt de **effective**, puisqu'il signifie *efficace* au sens de « susceptible d'apporter le résultat escompté ».

(S')ÉLEVER

Voir **to rise** dans la partie Vocabulaire anglais.

☐ lorsque ce verbe s'applique à une somme, à un total, il se traduit par **to amount to**.

ÉMISSION

◇ **a radio, TV program(me)** ou **broadcast**.

⊖ « a radio » ou « a TV emission » est impossible.

☐ ***emission of toxic fumes***
dégagement, émission, émanation de vapeurs toxiques

ÉNERGÉTIQUE

◇ **energy** ['enədʒi], **power**.

la politique énergétique de la France	***France's energy policy***
systèmes énergétiques	***power systems***

⊖ **energetic**. En anglais, cet adjectif est un faux ami qui signifie *énergique*.

an energetic young man *un jeune homme énergique*

ÉNERGIQUE

◇ **energetic** qui ne correspond donc pas au français *énergétique**.

⊖ energic.

ENNUYER

Veiller à ne pas confondre les différents équivalents de ce verbe qui ne sont pas toujours interchangeables en anglais puisqu'ils correspondraient aux différents sens d'une phrase telle que *cela m'ennuie*.

• préoccuper, causer du souci : **that worries me** ; *je suis ennuyé*, **I am worried / concerned*** (**about that**, *par cela, à ce propos*).

• importuner, tracasser : **that bothers / annoys / disturbs me.**

• causer un certain ennui : **that bores me** ; **classical music bores me**, *la musique classique m'ennuie* ; **I get bored at concerts**, *je m'ennuie dans les concerts*.

☐ *Cela vous ennuierait-il d'ouvrir la fenêtre ?*
Would you mind opening the window ?
May I trouble you to open the window ?

ENQUÊTE

Voir *étude*.

ÉPIDÉMIE

epidemic.

ϴ « epidemy » n'existe pas.

• Au sens propre, médical, du terme, on emploie **epidemic** ou **outbreak** qui met davantage l'accent sur les premières manifestations d'une maladie.

• Au sens figuré de *vague* (phénomène qui se développe et se propage rapidement), on emploie **rash**, **wave**, **spate**.

une vague de grèves — ***a rash of strikes***

ÉQUIPEMENT

equipment.

ϴ « equipments » : ce mot ne prend jamais d'**s**. On dira ainsi :

All sorts of equipment is / are available.
Toutes sortes d'équipements sont disponibles.

Au sens de *matériel lourd*, on trouvera également **plant**, **machinery**, **facilities**. Au sens de *tenue*, *attirail*, on emploie **gear** ou **outfit**.

fishing gear / tackle — *équipement de pêche*
ski outfit — *équipement de ski*

ÉTUDE

Ce mot peut bien sûr se traduire dans la plupart des cas par **study**. Cependant, au sens économique ou sociologique du terme, il peut souvent avoir d'autres équivalents, tels que : **a survey** ; **an inquiry, an enquiry, an investigation** ont plutôt le sens d'*enquête*.

It's a survey of new trends in consumer behavio(u)r.
Il s'agit d'une étude (portant) sur les nouvelles tendances constatées dans le comportement des consommateurs.

An inquiry, an investigation into the case was ordered by Scotland Yard.
Scotland Yard a ordonné une enquête sur cette affaire.

Au sens de *sondage (d'opinion)*, ce terme se traduit par (**opinion**) **poll**.

☐ *réaliser / mener une étude*
to carry out / complete / conduct a survey

ÉTUDES (FAIRE DES)

to study, to be a student.

⊖ « to make studies »

J'ai fait des études de physique. **I studied physics.**
Je vais faire des études aux Etats-Unis. **I'll study in the United States.**

Il est évident que bien d'autres équivalents seraient possibles pour s'adapter à une nuance ou un contexte particulier, par exemple :

I majored in physics. (US)
Je me suis spécialisé en physique.
I'll join a student program in the United States.
Je vais suivre des études aux Etats-Unis.
to read law *faire des études de droit, faire son droit*

ÉVALUER

◇ **to value**, **to evaluate**, **to estimate**, **to assess**, **to appraise**.

Experts value / estimate / put his fortune at $ 5 million.
Les experts évaluent sa fortune à 5 millions de dollars.
The insurance company has not yet assessed / evaluated / appraised the damage.
La compagnie d'assurances n'a pas encore évalué les dégâts.

⊖ « to evalue » n'existe pas.

ÉVENTUELLEMENT

◇ selon le contexte, il a différentes traductions, à commencer simplement par **may** ou **might**.

Il arrivera éventuellement ce soir.
He may / might arrive tonight.

Il peut également avoir des équivalents adverbiaux tels que **possibly**, **maybe**, voire **if need be**, **if necessary**.

Nous l'appellerons éventuellement ce soir.
If need be / If necessary, we'll call him tonight.

⊖ **eventually**. Cet adverbe est un faux ami qui signifie *finalement*, *en fin de compte*, *ultérieurement*.

ÉVIDENCE

an obvious fact.

⊖ « this is an evidence » ne peut constituer un équivalent correct du français *c'est une évidence*.

◇ **this is obvious / evident ; this is an obvious / a plain fact.**
○ l'anglais **evidence*** est un faux ami, collectif singulier, qui signifie *preuves*, *témoignages*, si bien qu'une phrase telle que : **this is evidence of their involvement in the coup** signifie : *ceci constitue la preuve de leur implication dans le coup d'Etat*.

ÉVOLUER

to evolve, **to change**.
⊖ ne pas employer les formations anarchiques telles que « to evolue » ou « to evoluate » qui n'existent pas.

EXPÉRIENCE

Ce mot a deux traductions distinctes selon qu'il se rapporte à une *expérience vécue* (**experience**) ou à une *expérience de type scientifique* (**experiment**).

EXPORTATION

L'anglais **exportation** est relativement rare.
◇ **export**. Ce substantif est accentué sur la 1re syllabe, contrairement au verbe correspondant qui est accentué sur la 2e : **to export** [eks'pɔ:t].
⊖ éviter les fausses dérivations telles que « to exportate », qui n'existe pas.

FABRIQUE

factory.
⊖ **fabric** : ce mot est un faux ami qui signifie *tissu* (cf. cette entrée).
◇ *une fabrique* se traduit par **a factory**, **a mill**, **a works**.

FAIRE

Veiller à respecter la distinction entre **to do** et **to make**. Bien que ce soit surtout l'usage qui gouverne dans bien des cas l'emploi de l'un ou de l'autre, on peut rappeler ou signaler le critère de choix suivant :
- **to make**, plus concret, correspond au sens de *fabriquer*.
- **to do**, plus abstrait, recouvre souvent un ensemble d'activités.

Comparez :

to make one's bed	*faire son lit*
et **to do one's room**	*faire sa chambre*

Notez les expressions suivantes :

to make a mistake	*faire une faute*
to make / to deliver a speech	*faire un discours*
to do one's work	*faire son travail*
to do business	*faire des affaires*
to do one's best	*faire de son mieux*
to do good	*faire le bien*
he is doing well	*il va bien, il fait son chemin*
that will do	*cela fera l'affaire / ça ira comme ça*

FAIRE FAIRE QQCH. À QQUN

Cf. partie Grammaire « *faire* + infinitif ».

FAIT (CELA FAIT ... QUE ...)

◇ **I have been waiting for this letter for three weeks** ou à la rigueur **It is three weeks since I have been waiting for this letter**.

Ne pas faire l'erreur qui consiste à traduire littéralement cette expression de temps : « it makes three weeks (that I wait for this letter) », *cela fait trois semaines (que j'attends cette lettre)*.

Voir **for** et **since** dans la partie Grammaire.

☐ lorsqu'elle indique un total, l'expression *cela fait* se traduit par **it / that makes.**

Cela fera dix dollars. **That'll make $ 10.**

FAUTE (FAIRE UNE FAUTE)

◇ **to make a mistake, to make an error**.

⊖ « to do a mistake. »

FINI

Ne pas traduire systématiquement ce terme (adjectif ou participe passé) par **finished**.

Le rapport n'est pas encore fini.
The report is not finished yet / has not been completed yet.

Les vacances sont finies. **The holidays are over.**

J'ai fini mes devoirs. **I am through with my homework.**

La réunion s'est finie par un discours.
The meeting ended with a speech.
Il a fini par trouver un travail.
He ○ eventually / finally found a job. / He found a job at last.

FONDS

Au pluriel français *des fonds*, correspond l'anglais **funds** (toujours au pluriel) ou **capital** (toujours au singulier). Lorsqu'il s'agit du français *un fonds*, il se traduit par **a fund**, qui est toujours au singulier.

a pension fund — *un fonds / une caisse de retraite*

□ *le fond*, the bottom.

FORMATION

L'anglais **formation** n'est un équivalent exact que dans les contextes où ce mot est employé au sens propre.

This product prevents the formation of algae (voir ce mot dans la partie Prononciation).
Ce produit évite la formation d'algues.

Au sens figuré, il se traduit par **training**, **education** voire **background**.

vocational training — *la formation professionnelle*
executive training — *la formation des cadres*
adult / continuing / further education
la formation continue / permanente
He is an engineer by training. *Il est ingénieur de formation.*
He has an engineering background.
Il a une formation d'ingénieur.

GÉNIAL

◇ **a genius**.

C'est un architecte génial. — ***He is a genius of an architect.***
C'est génial ! — ***That's great / terrific !***

⊖ « genial » qui signifie *sympathique*, *jovial*, etc.

GRAND

En dehors de locutions telles que :

with great pleasure — *avec grand plaisir*
They are great friends. — *Ce sont de grands amis.*
a great difference — *une grande différence*

l'anglais **great** (voir partie Prononciation) ne constitue pas une bonne traduction du français *grand* lorsque cet adjectif exprime une notion de taille ou de volume. C'est alors l'anglais **large** qui s'impose dans la plupart des cas.

□ l'emploi de **great** est correct dans deux acceptions fréquentes :

• au sens figuré : **a great man**, *un grand homme* ; (**a tall man**, *un homme grand*) ; **a great nation**, *une grande nation* (**a large country**, *un grand pays*).

• dans la langue familière : **he's a great guy !**, *c'est un type formidable !* ; **you look great !**, *tu as l'air en pleine forme, tu as une mine superbe !* ; **that's great !**, *c'est super !*, *c'est terrible*!*

□ des expressions comme « a great town », « a great building », « the great vacation » sont soit impossibles, soit d'un emploi idiomatique qui leur donne un sens différent, superlatif, à savoir *formidable*, *exceptionnel*, *magnifique*, etc.

◇ ***a large town / city*** *une grande ville*
a tall building *un grand immeuble*
the long vacation / the summer holiday
les grandes vacances

Il est impossible de donner une liste exhaustive de toutes les traductions de cet adjectif. A titre d'exemples, citons :

a department store *un grand magasin*
the general public / the public at large
le grand public
He's a big boy. *C'est un grand garçon.*
He's old enough to understand that.
Il est assez grand pour comprendre ça.

○ l'anglais **grand*** peut être un faux ami qui signifie *grandiose*, *majestueux*.

HABITANT

inhabitant.

⊖ « habitant. »

HABITER

to live in, to inhabit.

⊖ « to habit. »

□ *inhabité*, **uninhabited** :

une région inhabitée ***an uninhabited / deserted area***

HAUTEUR

height [hait].

☐ **highness** n'indique pas une notion objective de taille ou de dimension. Il n'est employé qu'au sens abstrait ou figuré du terme.

His / Her Royal Highness — *Son Altesse Royale*

☐ *à hauteur de* (*à la même hauteur que, au niveau de*), **level with (at the level of), on a level with** :

être à la hauteur d'une tâche — ***to be up to / equal to a task***
Il n'est pas à la hauteur. — ***He can't cope (with it).***

HUMAIN

Ne pas confondre les deux équivalents anglais de ce terme : **human** et **humane** [hju'mein].

the human body — *le corps humain*
the human kind ou **mankind** (en un mot et sans article) *le genre humain ;*
human rights — *les droits de l'homme* (⊖ « man's rights »)

À distinguer de :

Their handling of the hostages has been quite humane.
Ils ont traité les otages avec une grande humanité (m. à m. *leur traitement des otages a été tout à fait humain*).

IGNORER

○ **to ignore** est rarement un équivalent exact du français *ignorer* puisqu'il ne fait pas référence à une ignorance, une méconnaissance <u>involontaire</u> (le simple fait de ne pas être au courant). Il implique l'idée de *négliger, ne pas tenir compte de qqch.* de façon <u>volontaire</u>.

⊖ Ainsi, *j'ignore s'il viendra* ne peut pas se traduire par « I ignore if he'll come ».

◇ **I don't know whether he'll come.**

☐ **he ignored my remark**, *il fit semblant de ne pas entendre / il ne fit aucun cas de ma remarque.*

IMMIGRÉ (adj. et subst.)

◇ **immigrant**.

les travailleurs immigrés — ***immigrant workers***
la population immigrée — ***the immigrant population***
les immigrés — ***immigrants***

⊖ « the immigrated » est une expression qui n'existe pas.

IMPLANTATION

implantation et **implant** ne s'emploient guère qu'au sens chirurgical du terme. Dans son acception commerciale ou industrielle :

◇ **setting-up**, ○ **location**, **siting** ['səitiŋ], **establishment**, lorsque le terme est au singulier.

the setting-up / establishment of our production unit in southern France
l'implantation de notre unité de production dans le Midi
Our new ○ location will cut the cost of our exports to Africa.
Notre nouvelle implantation réduira le coût de nos exportations vers l'Afrique.

◇ **operations**, lorsque le terme est au pluriel :

our foreign operations *nos implantations à l'étranger*

IMPLANTER

to implant constitue rarement un équivalent correct de ce verbe puisqu'il est surtout employé au sens chirurgical ou figuré (*inculquer, inspirer un principe, un sentiment*).

◇ **to set up, to locate**.

s'implanter, **to set up operations, to open a plant** :

Nous envisageons de nous implanter à l'étranger.
We plan to set up foreign operations.

IMPLIQUER

Ce verbe peut avoir trois traductions (**to involve, to implicate, to imply**) selon la nuance qu'il suggère. Si **to involve** (plus fréquent et plus neutre) peut se substituer à **to implicate**, la réciproque n'est pas vraie, dans la mesure où le second a toujours une connotation négative.

He got deeply involved in the project.
Il s'est profondément impliqué (engagé, investi) dans le projet.
He is personally implicated / involved in the scandal.
Il est personnellement impliqué dans le scandale.
The agreement implies the withdrawal of Israeli troops.
L'accord implique le retrait des troupes israéliennes.

IMPORTANT

Ne pas traduire systématiquement ce qualificatif par **important**. D'un strict point de vue statistique l'emploi de l'adjectif anglais est relativement restreint dans la mesure où il ne s'applique en général qu'aux conséquences éventuelles du substantif qu'il qualifie :

an important problem / issue
un problème / une question important(e).

Même dans cette acception, des adjectifs tels que **major**, **significant**, **serious** lui sont très souvent préférés.

⊖ lorsqu'il exprime, comme c'est fréquemment le cas en français, une notion de quantité, de taille, il ne peut pas se traduire par **important**.

◇ **large**, **major**, **substantial**, etc.

une hausse importante ***a sharp / stiff / steep rise***
une somme importante ***a large / hefty / sizable / fat sum***
une augmentation / diminution importante
a strong / major / significant / substantial increase / decrease
des dépenses / ventes importantes ***heavy spending / sales***
un trafic important ***heavy traffic***

Tous les adjectifs anglais cités ci-dessus constituent fréquemment d'excellentes traductions de synonymes du français *important* tels que *considérable*, *sensible**, *fort*, *gros*, *grand*, etc.

IMPORTATION

L'anglais **importation** est relativement rare.

◇ **import**. Ce substantif est accentué sur la première syllabe, contrairement au verbe correspondant qui est accentué sur la deuxième : **to import** [im'pɔ:t].

⊖ bannir les fausses dérivations telles que « to importate » qui n'existe pas.

INDUSTRIEL (subst.)

◇ **an industrialist**, *un industriel*

Au sens le plus général, *les industriels* est souvent traduit par **businessmen** ou **business people**.

⊖ **industrials** est impossible dans cette acception. Dans la langue boursière, ce terme désigne *les valeurs industrielles*, c'est-à-dire les titres et actions détenus dans les entreprises industrielles.

INFLUENT

◇ **influential**.

The anti-abortion lobby is very influential.
Le lobby (groupe de pression parlementaire) opposé à l'avortement est très influent.

⊖ l'anglais « influent » n'existe pas.

INFORMATION

Voir *renseignement*.

INFORMATIQUE

◇ **data processing**, **E.D.P.** (**electronic data processing**), **computer science**.

⊖ « informatics. »

INFORMATISATION

◇ **computerisation**, **computerization** (US).

⊖ « informatisation. »

INHABITÉ

◇ **uninhabited**.

□ **inhabited** signifie *habité* (**to inhabit**, *habiter*).

INTERMÉDIAIRE

Ce mot connaît deux traductions différentes selon qu'il est adjectif ou substantif : respectivement **intermediate** et **intermediary**.

⊖ il est donc impossible de dire : « he is an intermediate ».

◇ **he is an intermediary**, **a middleman** ou **a go-between**, *c'est un intermédiaire*.

He is in the intermediate group.
Il est dans le groupe intermédiaire / moyen.
an interim statement / report
un état / relevé intermédiaire (provisoire)

INTÉRESSÉ (PAR)

◇ **interested <u>in</u>**.

⊖ « interested by. »

Les employés de l'entreprise sont intéressés aux bénéfices.
The employees share in the profits of the firm / the firm operates a profit-sharing scheme (voir la prononciation de ce dernier mot dans la partie Prononciation).

Se reporter également à l'entrée *intéresser*.

INTÉRESSANT

interesting ne traduit correctement l'adjectif français qu'au sens propre (qui suscite un intérêt de nature intellectuelle).

C'est une idée très intéressante (d'un point de vue intellectuel).
This is quite an interesting / an exciting idea.

◇ dans son acception pécuniaire ou financière, d'autres termes seront plus appropriés. Ainsi, dans un contexte commercial, la même phrase française pourrait se traduire par : **this might be quite a money-making idea**.

un prix intéressant
an attractive / an advantageous / a cheap* price
une proposition intéressante*
an attractive / appealing proposal / offer

⊖ « interessant », calque du français et de l'allemand, n'existe pas en anglais.

INTÉRESSER

to interest n'est un équivalent correct qu'au sens propre de ce verbe. Même dans cette acception, on lui préfère souvent d'autres tournures. On dira ainsi **he is not interested in painting, he is not very fond of / keen on / painting,** plutôt que **painting does not interest him**, *la peinture ne l'intéresse pas*.

⊖ au sens figuré de *concerner*, « to interest » est impossible.

Cette mesure intéresse les chômeurs.
This measure concerns / is aimed at / the unemployed.

Voir *intéressé*.

ISSUE

○ l'anglais **issue** est un faux ami qui signifie *question, problème*.

The two countries disagree over the issue of human rights.
Les deux pays sont en désaccord sur la question des droits de l'homme.

◇ au sens propre, le français *issue* se traduit par **exit** et au sens figuré par **outcome, result**.

The outcome of the talks has not been made public yet.
L'issue des pourparlers n'a pas encore été rendue publique.

JEUNESSE

◇ **youth**.

⊖ le substantif « youngness » n'existe pas.

JOURS (DE NOS)

◇ **nowadays**. Cet adverbe oppose le présent à un passé lointain. Dans les autres cas, le remplacer par **currently**, **at present**, **now**. Éviter d'employer **presently** qui peut être un faux ami et signifier *tout à l'heure*, *bientôt* en GB.

⊖ « nowaday. »

LIMITER

◇ **to limit**.

⊖ éviter des barbarismes tels que « to limitate », peut-être influencés par **to imitate**, *imiter*.

LOCATION

◯ **location** est un faux ami qui signifie *emplacement*, *situation* (géographique).

◇ **rent**, **rental**, **hire** ; **booking**, **reservation**.

Le prix de la location est trop élevé.	***The rent is too high.***
donner un studio en location	***to let (out) a one-roomed flat***
prendre un appartement en location	***to rent a flat*** (US, ***an apartment***)
location de voitures	***car rental***
location de places de théâtre	***booking of seats***
locataire	***tenant***
propriétaire	***owner***, ***landlord***

LOUER

Ne pas confondre les différents sens et emplois de ce verbe. Il peut s'appliquer :

• à l'immobilier :
Paul loue une maison à M. Jones peut avoir deux traductions en anglais :
— **Paul rents a house from Mr. Jones** (Paul est *locataire* : **tenant**) ;
— **Paul lets (out) a house to Mr. Jones** (Paul est *propriétaire* : **owner, landlord**).

• à un objet :

◇ ***to hire a boat, a horse, a bicycle***
louer un bateau, un cheval, un vélo
to rent a car *louer une voiture*
to book seats *louer des places*

• à une qualité (louanges) :

He was praised for his conduct.
Il fut loué pour sa conduite.

LOIN DE

◇ **far from.**

His house is far from the school.
Sa maison est loin de l'école.

⊖ « far of. »

Voir également *près de*.

MANIFESTATION

manifestation n'est correct qu'au sens abstrait ou spontané du terme.

◇ lorsqu'il s'agit d'un événement organisé, on emploie le mot **demonstration**.

The unions will stage a demonstration in front of the city hall.
Les syndicats organiseront une manifestation en face de la mairie.
un manifestant ***a demonstrator***

MÉCANIQUE

◇ **mechanics** ou **mechanical engineering**, *la mécanique* ; *une mécanique*, **a mechanism** (accentué sur la 1re syllabe), **a device**.

□ **a mechanic** signifie *un mécanicien*.

MÉDIAS

◇ **media** ['mi:djə]. Ce mot ne prend jamais d'**s** puisqu'il reproduit la forme du pluriel latin.

⊖ « medias. »

Au singulier, dire **a medium** ['mi:djəm], *un média, un support*.

MÉDICAMENT

◇ **medicine, drug.**

L'anglais **medicament** est assez rare.

(LE) MÊME (QUE)

◇ **the same as**.

⊖ éviter les fautes telles que « the same than », « the same that ».

Noter que **same** ne peut être précédé que de l'article défini **the**, jamais de **a**.

Ils étaient animés par un même idéal.
They were moved by the same ideal.

MESURE

Deux traductions distinctes existent pour ce terme, selon qu'il s'agit du sens propre ou du sens figuré : **measurement** ['meʒə:mənt] dans le premier cas, **measure** ['meʒə] dans le second.

⊖ éviter de prononcer la première syllabe ['mi].

The surveyors have not yet taken all the measurements.
Les géomètres n'ont pas encore pris toutes les mesures.
The Government is considering (to take) new measures.
Le gouvernement envisage (de prendre) de nouvelles mesures.

□ *fait sur mesure* se traduit par **made-to-measure, tailored, customized, custom-made.**

Voir *unité*.

MICRO (subst.)

⊖ « a micro. » L'abréviation correspondant au français *microphone* est **mike**, homonyme du diminutif du prénom **Michael** ['məikl].

a pc (= **a personal computer**), **a home computer**, **a micro-computer** sont des équivalents du français *un micro (-ordinateur)*.

MINISTRE

Minister (généralement orthographié avec une majuscule comme c'est l'usage pour tous les titres et fonctions) ne s'emploie qu'en anglais britannique ou par référence à d'autres pays. En américain, on emploie en général **Secretary** sauf par exemple dans des cas tels que **the Attorney General**, *le ministre de la Justice*, **the Surgeon General**, *le ministre de* *la Santé*. Même en GB des termes autres que **Minister** sont employés pour certains portefeuilles :

the Chancellor of the Exchequer	*le ministre des Finances*
the Home Secretary	*le ministre de l'Intérieur*
the Lord Chancellor	*le ministre de la Justice*

MOYEN (subst.)

◇ **a means**. Ce mot prend toujours un **s**, même au singulier.

⊖ « a mean » est impossible.

Noter par ailleurs l'expression **the golden mean, the happy mean**, *le juste milieu*, dans laquelle le substantif **mean** signifie *moyenne* et non *moyen*.

Voir **mean** (adj.) dans la partie Vocabulaire anglais.

NAÎTRE

◇ **to be born**.

⊖ éviter ici l'orthographe **borne** qui correspond au participe passé de **to bear** (prét. **bore**), *porter*, *supporter*. Surtout éviter « he is born » comme traduction du français *il est né*. Le seul temps possible est le prétérit.

◇ **he was born (in New York, in 1944...)**.

NOIR

Éviter, lorsque cet adjectif substantivé s'applique aux Noirs américains, de le traduire par **negroes**. En effet, ce terme, qui n'a jamais été péjoratif (au contraire de **niggers**, *les nègres*), est devenu désuet depuis les années soixante et a été remplacé par **the blacks** ou **African Americans**.

This music is popular among blacks / black people.
Cette musique est appréciée / connaît du succès chez les Noirs.

Black people / the blacks / black Americans / African Americans are pressing for more affirmative action.
Les Noirs (américains) réclament davantage de mesures (de promotion sociale et d'intégration) *en leur faveur.*

• On trouve également l'euphémisme (moins précis au point de vue ethnique) **colored people**.

• En Afrique du Sud, le terme **coloureds** ['kʌlədz] désigne *les métis*, de souche indienne, asiatique, etc., ou issus de mélanges raciaux, par opposition aux Blancs et aux Noirs.

• Si *marché noir* se traduit par **black market**, ⊖ « black work » n'est pas l'équivalent du français *travail au noir*, auquel correspond l'expression **moonlighting, moonlight work.**

travailler au noir	***to moonlight***
un travailleur au noir	***a moonlighter***

□ **black labo(u)r** désignerait la *main-d'œuvre noire*.

OCCIDENTAL

L'adjectif **occidental** est rare en anglais.

◇ employer plutôt **western** (orthographié avec une minuscule).

the western hemisphere	*les Amériques*
western countries	*les pays occidentaux*
a western (film / movie)	*un western* (cinéma)

OCCUPATION

◇ ce terme peut être rendu par divers équivalents adaptés au contexte tels que **business**, **work** ; **activity**, **pursuit** ; **hobby**, **pastime**.

L'anglais **occupation** n'est un équivalent exact que dans l'acception militaire du terme, mis à part les cas où ce terme est employé dans son sens propre.

during his occupation of the house
pendant la période où il a occupé la maison
during the German occupation
sous l'occupation allemande

Dans la plupart de ses emplois, **occupation** traduit le français *profession* (se reporter plus loin à cette entrée).

OFFRE

◇ **offer**.

la loi de l'offre et de la demande
the law of supply and demand

□ **offer** ne peut se substituer à **supply** dans cette expression.

offrir qqch. à qqun, **to offer sbd sth.** ○ **to present sbd with sth.**

Je ne peux pas me l'offrir / me le permettre.
I can't afford it.

⊖ « I can't offer it (to me). »

Je ne peux pas me permettre d'acheter une nouvelle voiture.
I can't afford to buy a new car.

ORGANISME

◇ au sens d'*organisation*, *institution*, *instance*, il se traduit par **organization** ou **body**.

Une association est un organisme à but non lucratif.
A society is a non profit (-seeking) organization.

organism ne s'applique qu'à un *organisme* biologique, cellulaire.

PAR

Lorsque cette préposition indique l'agent ou le moyen, elle se traduit par **by** (**by the Government, by sea**).

Lorsqu'elle indique le mouvement, elle se traduit par **through** ou **across** (**through the door, across the forest,** *par la porte, par la forêt*).

□ **by** ne peut pas exprimer le mobile.

◇ **out of**.

They did that out of envy, out of racism.
Ils ont fait cela par jalousie, par racisme.

PARKING

En anglais, **parking** doit être considéré comme un faux ami puisqu'il désigne uniquement le *stationnement* (le fait de stationner, de se garer) et non le *parc de stationnement* qui se dit **parking lot** ou **car park**.

PARLER DE

□ au sens figuré, ne pas dire : **this article talks about/ speaks of racism.**

◇ ***This article deals with / is about racism.***
Cet article parle / traite du racisme.

to talk et **to speak** ne peuvent en principe s'employer que dans les cas où le sujet de ces verbes est un être ou un objet doué de parole.

the talking clock *l'horloge parlante*

Veiller à ne pas confondre toutes les variantes possibles pour traduire ce verbe :

Il m'en a parlé.
He told me / talked to me / spoke to me about it.
He mentioned it to me.

Dans certains cas, même **to say** peut être un équivalent approprié :

The less said about it, the better.
Moins on en parle, mieux ça vaut.

PART (D'AUTRE PART)

◇ **besides, moreover, furthermore** (*en outre*) ; **otherwise** (*par ailleurs*).

⊖ « on the other side. »

d'une part... d'autre part
on (the) one hand... on the other hand

PASSER (UN EXAMEN)

◇ **to take an exam, to sit for an exam, to take a test**, *se présenter à un examen*.

☐ **to pass an exam** signifie *réussir un examen* (**to pass it successfully**).

repasser un examen / une épreuve	***to resit an exam / a test***
échouer à un examen	***to fail an exam***

PARTICIPER À QQCH.

◇ **to participate in sth, to take part in sth**.

⊖ « to participate to/at sth. »

PARTICULIER

Ne pas confondre **particular** (synonyme **specific**) qui est généralement un équivalent correct de cet adjectif français et **peculiar** qui signifie *très particulier*, d'où *étrange, bizarre, curieux*.

I am not familiar with this particular aspect of the subject.
Je ne connais pas bien cet aspect particulier / précis de ce sujet.
I am not familiar with this peculiar aspect of the subject.
Je ne connais pas bien cet aspect curieux / bizarre du sujet.

• *un particulier*, **a private individual** ; **an individual consumer** / **customer** / **citizen**.

Ces produits intéressent les particuliers et non les acheteurs institutionnels.
These products are designed for private customers, not for institutional buyers.

Voir **particulars** dans la partie Vocabulaire anglais.

PENSER À

◇ **to think of / about sbd / sth**, *penser à qqun / qqch.*

Privilégier l'emploi de **of**, mais ne pas ignorer **about** qui est également très fréquent.

N.B. : cette expression peut avoir également le sens de *se souvenir* ou *avoir une opinion* (voir le commentaire de la phrase du thème T2, dans la partie Grammaire).

⊖ « to think at », « to think to sbd / sth » doivent être absolument évités.

to think to oneself est possible au sens de *se dire* (à soi-même, intérieurement).

> ***I was thinking to myself that you could come over for the week-end.***
> *Je me disais que vous pourriez venir pour le week-end.*

PERFORMANT

◇ **high-performing**, **efficient***.

□ **performing** n'existe pas dans cette acception.

> *C'est une méthode très performante.*
> ***This is a high-performing method / a highly efficient method.***

PERMETTRE

Les Français ont trop souvent tendance à traduire systématiquement ce verbe par **to permit**. Or, ce dernier est relativement peu fréquent en anglais.

Au sens d'*autoriser*, il peut être un équivalent convenable, en concurrence avec **to allow** ou **to authorize**.

> *Ils ne permettent pas à leurs enfants de fumer.*
> ***They don't allow / authorize / permit their children to smoke.***

⊖ au sens de *donner à qqun la possibilité de faire qqch.*, ne pas employer **to permit**.

◇ **to enable** / **to allow sbd to do sth**, **to make it possible for sbd to do sth**.

> *Son expérience lui a permis d'obtenir cet emploi.*
> ***His experience enabled him / allowed him / made it possible for him to secure the job.***
> *Son séjour en Allemagne lui a permis d'améliorer son accent.*
> ***His stay in Germany helped him improve his accent.***

PERSONNEL

Avant de traduire ce mot en anglais, déterminer s'il s'agit de l'adjectif ou du substantif.

• S'il s'agit de l'adjectif, peuvent lui correspondre (avec les mêmes nuances qui différencient le français *propre* de *personnel*) **own** ou **personal** ['pə:snl]. On dira ainsi : **this is my own** ou **my personal car**.
Si l'on opte pour **personal**, veiller simplement à accentuer cet adjectif sur la première syllabe et à l'orthographier avec un seul **n**.

• S'il s'agit du substantif, on peut hésiter entre deux traductions, **staff** et **personnel** [,pə:sə'nel], qui peuvent souvent s'employer indifféremment. Cependant, **staff** peut être utilisé tantôt avec son sens (militaire à l'origine) d'*état-major*, pour ne désigner que *le personnel d'encadrement*, tantôt (surtout en GB) dans son acception plus large pour s'étendre à l'ensemble du *personnel* d'une organisation, sans distinction hiérarchique. On dira ainsi : **he is no longer on our staff**, *il ne fait plus partie de notre personnel*.

Le terme **personnel** (plus fréquent en américain) n'implique pas de nuance hiérarchique.
Veiller à l'accentuer sur la dernière syllabe et à l'orthographier avec deux **n**.

PÉTROLE

○ **petrol** ne peut désigner que l'*essence* en anglais britannique. En américain, on emploie **gas**.

◇ **oil** ou **petroleum** qui est moins fréquent.

crude (oil) — *le (pétrole) brut*

PHÉNOMÈNE

◇ **phenomenon**.

⊖ « phenomenum. »

Ce mot d'origine grecque a un pluriel en **a** : **phenomena**, à rapprocher du couple **criterion**, **criteria**, *critère*.

PHOTOGRAPHE

◇ **photographer** [fə'tɔgrəfə].

a photograph ['fəutəgra:f] désigne *une photo(graphie)*. Ce terme s'abrège en **photo** et se trouve fréquemment remplacé par **picture** (parfois par **snapshot**, *un instantané*).

☐ **photography** [fə'tɔgrəfi] désigne *la photographie* (l'art ou la technique).

PLACE

Ce mot se traduit assez rarement par l'anglais **place** qui, le plus souvent, signifie *endroit*. Choisir l'équivalent qui convient en fonction du contexte :

Si j'étais à ta place...
If I were you... / If I were in your shoes (fam.)
Il reste quatre places dans le prochain train.
There are four seats left on the next train.
Je n'aurai pas mes places (théâtre, avion) *avant la semaine prochaine.*
I won't get my tickets until next week.
Il n'a pas assez de place dans son bureau.
He doesn't have enough room / space in his office.
Les États-Unis occupent la première place dans ce domaine.
The United States rank first in that field.
la place Rouge — ***the Red Square***
Il a trouvé une nouvelle place. — ***He has found a new job.***

Le prix d'une place (train, bus, avion) se traduit par **the fare**.

Les places sont moins chères pour les étudiants.
The fare is cheaper / less expensive for students.

POITRINE

Ce mot a deux traductions selon qu'il s'applique à un homme ou à une femme.

• Dans le premier cas, on emploie **chest** (terme qui désigne également un *coffre*, une *armoire* : **a chest of drawers**, *une commode*).

• Dans le second, on emploie **breast** [brest].

☐ au pluriel, **breasts** = *les seins*.

Lorsqu'il s'agit de *poulet*, par exemple, **breast** désigne le *blanc* par opposition à **leg**, la *cuisse*, alors que pour une personne, ce dernier terme se traduit par **thigh** [θai].

POSER

Se traduit souvent par **to put** et **to set**, tous deux verbes irréguliers.

☐ lorsqu'il signifie *mettre par terre*, *étaler*, *placer en position couchée*, veiller à bien employer **to lay**, **laid**, **laid**, à ne pas confondre avec **to lie**, **lay**, **lain** qui n'est pas un verbe de mouvement (*être posé*, *couché*, *étendu*).

☐ dans l'expression *poser un problème*, ne pas confondre **this settles the problem**, *cela règle le problème* et **this sets, poses, raises a problem**, *cela pose un problème*.

PRÉCISER

◇ **to specify**, **to stipulate**, **to clarify**, **to spell out**.

⊖ « to precise. »

Certains points du rapport doivent être précisés.
Some points in the report need to be clarified / specified.
Dans son discours, le président a précisé son programme.
In his address, the President spelled out his program(me).

PRÉJUDICE

◇ **damage**, **wrong**.

○ **prejudice** est un faux ami signifiant *préjugé* (synonyme **bias**).

PREMIER

Ne pas traduire systématiquement cet adjectif par **first** puisqu'il a d'autres équivalents souvent plus appropriés.

• **early** renvoie à la première période, aux débuts, aux origines.

early Christians	*les premiers chrétiens*
early settlers	*les premiers colons*
an early Victorian	*un victorien de la première époque* *un des premiers victoriens*
early age	*premier âge / bas âge / âge tendre*

• **earlier** à la première de deux périodes.

the earlier stage of the disease
le premier stade de la maladie
(par rapport au second, au *stade ultérieur* de la maladie, ***the later* stage***)

• **earliest** renvoie à la plus ancienne période.

my earliest recollections	*mes premiers / plus anciens souvenirs*

• **prime** a un sens « qualificatif ».

prime (ou ***first***) ***quality***	*première qualité*
Prime Minister	*Premier ministre*
prime time (télé ou radio)	*les heures de grande audience*

• **former** est le pronom qui répond à **latter**.

the former... the latter
le(s) premier(s)... le(s) second(s) / le(s) dernier(s)

Du point de vue syntaxique, éviter d'employer un ordre des mots trop souvent calqué sur le français :

⊖ **« the two first days », « the ten last years ».**

◇ **the first two days, the last ten years.**

Voir *dernier*.

PRÈS DE

◇ **near** sans postposition ou bien suivi de **to**, plus rarement.

He was standing near the table, near to where I was working.
We live near (to) them.

⊖ « near of. »

• **beside** (à ne pas confondre avec **besides**, *en outre*) traduit également *près de*.

• Lorsque l'on veut insister sur la proximité, on dira **next to** ou **close to**, *tout près*.

PRÉTENDRE

○ **to pretend** ne peut être un équivalent de ce verbe que dans les contextes où il implique l'idée de *faire semblant*, *feindre* (attitude).

◇ **to claim** indique que des paroles sont mises en doute par un tiers ou avancées de façon péremptoire par celui qui les prononce.

He pretends to be rich but his neighbours claim that he has got a lot of debts.
Il joue au riche mais ses voisins prétendent qu'il a beaucoup de dettes.
He claims that he is able to do it.
Il prétend être capable de le faire.
I claim that right.
Je revendique ce droit.

À noter d'autres équivalents :

He does not qualify for the job.
Il ne peut prétendre à cet emploi.
They are not entitled to / eligible for such benefits*.
Ils ne peuvent prétendre à de tels avantages.

PREUVE

• On a intérêt à réserver l'emploi de **proof** au singulier.

This is proof that the document is a fake.
C'est la preuve que le document est un faux.

• Lorsqu'on a à traduire le pluriel *preuves*, il est préférable d'employer le collectif singulier **evidence***.

The evidence is convincing. *Les preuves sont convaincantes.*

• L'anglais **proofs** signifie *des épreuves* (*d'imprimerie*, **printer's proofs**).

PRÉVENIR

☐ **to prevent** n'est un équivalent approprié de ce verbe que dans les contextes où il signifie *empêcher*, *éviter*.

to prevent sbd (from doing sth)
empêcher qqun (de faire qqch.)
to prevent an accident / a misunderstanding / a scandal
prévenir / éviter un accident / un malentendu / un scandale

Quand il signifie *avertir*, *annoncer*, *informer*, on emploie **to let sbd know** / **to tell sbd** / **to inform sbd (about sth)**.
Quand ce verbe implique une notion de danger ou de menace, il se traduit par **to warn**.
Voir *avertir*.

prevention is better than cure *mieux vaut prévenir que guérir*
= ***a stitch in time saves nine*** m. à m. *un point à temps en évite neuf*

PRIME

◇ **a premium**, **a bonus**.
⊖ « a prime. »
Notez :

prime quality beef *du bœuf de première qualité*
at prime time (US), ***at peak viewing time*** (télé), ***at peak listening time*** (radio) (GB) *aux heures de grande écoute*

PRODUCTEUR (subst.)

◇ **producer**, **maker**, **manufacturer**.
Lorsque ce mot est employé comme adjectif, il se traduit par **producing**.

oil-producing countries *les pays producteurs de pétrole*

⊖ « productor » n'existe pas.

PRODUIRE

◇ **to produce, to make**.
⊖ « to product » est impossible.

PRODUIT

Ce mot a diverses traductions selon son sens. En principe :
- **product** désigne un produit manufacturé ;
- **produce** désigne un produit naturel ;
- **goods** (normalement, utilisé seulement au pluriel) est un terme non marqué qui peut couvrir les emplois des deux substantifs précédents (= *marchandises*) ;
- **the proceeds** s'applique au produit financier d'une transaction, d'une manifestation culturelle ou artistique ;
- **yield**, **return** désignent le produit, le rendement d'un investissement.

PROFESSION

○ L'anglais **profession** est le plus souvent un faux ami qui s'applique spécifiquement aux *professions libérales*.
◇ **occupation** (qui est donc lui-même un faux ami) ou **line** qui est un équivalent idiomatique :

What's your line (of business) ?
Quelle est votre profession ?

PROFITER (DE QQCH.)

to profit / **benefit by** (GB) / **from** (US) **sth**.
Ce verbe a des équivalents différents selon son sens.
- *mettre à profit* :

Il va profiter de ses vacances aux Etats-Unis pour aller voir / rendre visite à Paul.
He will take advantage of his holiday in the US to visit Paul.

- *tirer profit* :

Ses vacances aux Etats-Unis lui ont pleinement profité.
He has derived the utmost benefit from / he has taken full advantage of his holiday in the US.

- *apprécier, jouir de* :

J'ai bien profité de mes vacances aux Etats-Unis.
I fully enjoyed my holiday in the US.

PROGRÈS (FAIRE DES)

◇ **to improve, to make progress**.

⊖ « to make progresses. »

Il a fait des progrès en anglais. **His English has improved.**

Par ailleurs, on évitera d'employer **progress** au pluriel pour lui préférer **advances**.

scientific progress *le progrès scientifique*
mais **technological advances** *les progrès technologiques*

N.B. : au sens de *percée*, *avancée*, on emploiera **breakthrough** (orthographié sans trait d'union).

PROPOSER

Éviter l'emploi systématique de **to propose** qui est, dans la pratique, moins employé que d'autres équivalents.

◇ **to offer**, **to suggest**.

Il proposa de m'aider. **He offered to help me.**
Il nous proposa de les rejoindre.
He suggested that we might join them. / He suggested joining them.

PROPOSITION

Éviter l'utilisation systématique de l'anglais **proposition**, qui a surtout le sens d'*affaire* ou de *problème*.

It's a big proposition. *C'est une grosse affaire.*
It's a tough proposition.
C'est une question difficile à résoudre / un problème embarrassant.
a business proposition
une offre d'affaire / une offre commerciale
un marché (que l'on propose à qqun) **a business offer**

◇ employer plutôt **proposal**, **suggestion** ou **offer**.

RAPPELER

En français, ce verbe a deux constructions différentes, auxquelles correspondent deux traductions distinctes.

- *se rappeler qqch.* : **to remember**, **to recall sth.**
- *rappeler à qqun de faire qqch.* :
  1) fait passé : **to remind sbd of (doing) sth.**
  2) action future : **to remind sbd to do sth.**

☐ ces deux constructions ne sont pas interchangeables et sont strictement conditionnées par le moment (passé ou futur) auquel se situe le fait ou l'action auxquels on fait référence.

He reminded me of my appointment / to call John.
Il m'a rappelé mon rendez-vous / il m'a fait penser à appeler John.

This reminds me of Spain. *Cela me rappelle l'Espagne.*
He reminds me of his father. *Il me rappelle son père.*
Remind me to call him tomorrow. *Rappelle-moi de lui téléphoner demain.*

(PAR) RAPPORT (À)

Des erreurs résultent fréquemment de la confusion entre les nombreux équivalents anglais de cette locution.

• Au sens de *vis-à-vis*, *à l'égard de*, on emploie **with regard to**, **with respect to**, **in relation to**, **vis-à-vis**.

La politique de la France par rapport aux / sous le rapport des / Droits de l'homme.
France's policy with regard to / with respect to / in relation to human rights.

in relation to sert aussi à traduire la locution *en fonction de*.

• Lorsque l'expression sert à établir une comparaison, on emploie **(as) compared with**, **in comparison with**.

Les résultats sont plutôt satisfaisants par rapport à l'an dernier.
The results are fairly good compared with / in comparison with / as compared to last year('s).

• **over**, **against**, **versus** sont également des équivalents très fréquents dans cette acception.

over / against last month *par rapport au mois dernier*
Our sales total $ 15 million versus / against $ 12 million for last year.
Nos ventes atteignent un montant global de $ 15 millions par rapport à / contre $ 12 millions pour l'an dernier.
the value of the French franc against the dollar
la valeur du franc par rapport au dollar

Ne pas confondre **in regard to**, *en ce qui concerne*, *par rapport à* et **as regards**, *en ce qui concerne*, *pour ce qui est de*. Il s'agit, dans ce dernier cas, du verbe **to regard** (d'où l'**s** de troisième personne du singulier) ; **as regards** a la même construction et le même sens que **as concerns**.

(SE) RENCONTRER

◇ **to meet**.

They met in Greece (while they were on holiday).
Ils se sont rencontrés en Grèce (alors qu'ils étaient en vacances).

⊖ « they met themselves / each other. »

☐ **to meet** est un verbe qui n'est ni réfléchi ni réciproque.

Bien plus souvent que le français *rencontrer*, **to meet** n'implique pas simplement une rencontre fortuite (**they met on** the bus, *ils se sont rencontrés dans l'autobus*). Il est fréquemment employé (souvent avec **first** en fonction d'adverbe pour souligner la première rencontre) au sens de *faire connaissance, se connaître*.

They (first) met in London during the war.
Ils se sont connus / ils firent connaissance à Londres pendant la guerre.

Cette même phrase française pourrait également se traduire par :

They became acquainted ou (plus familièrement) ***They got to know each other in London.***

⊖ « they knew each other… » serait une traduction erronée puisque cette expression signifie *ils se connaissaient…*

to meet est d'un emploi idiomatique dans de nombreuses expressions de très grande fréquence :

Have you met Mr. Thomson ?
Connaissez-vous M. Thomson ?
Meet Mr. Thomson (this is Mr. Thomson).
Je vous présente M. Thomson.
I'll meet (= fetch) you at the station.
J'irai te chercher à la gare.
Meet you at the station / at 5.
Rendez-vous à la gare / à 5 heures.

RENSEIGNEMENT

information est un collectif singulier qui ne prend jamais d'**s** et qui traduit aussi bien *l'information* que *les renseignements*.

un renseignement	***a piece of information***
les informations (radio, télé)	***(radio, T.V.) news***

Au sens de service de renseignements, Deuxième Bureau, espionnage, etc., employer **intelligence**, qui est aussi un collectif singulier.

Voir également **particulars** dans la partie Vocabulaire anglais.

RENTABLE

Éviter d'employer **rentable** qui est assez rare en anglais et qui n'a que le sens de « louable » (appliqué à un local que l'on peut louer).

◇ **profitable**.

Pour traduire le substantif *rentabilité*, employer **profitability**.

Autres traductions possibles :

This is a money-making business.
C'est une affaire rentable.
This is not an economical project.
Ce projet n'est pas rentable.

REPRISE

Ne pas confondre les différents emplois du français *reprise*.

• **resumption** ne s'applique qu'à une activité volontaire qui a été interrompue.

the resumption of work / of talks / negotiations
la reprise du travail / des négociations

• Dans l'acception économique du terme, on peut choisir un équivalent dans une très longue liste de synonymes dont les plus fréquents sont : **recovery**, **revival**, **rebound**, **rally**, **upturn**, etc.

• Lorsqu'il s'agit de la *reprise* d'un film ou d'une émission télévisée, on dira **a rerun**.

• À la *reprise* d'une voiture (par un garagiste), correspond l'anglais **trade-in**.

RÉSUMER

○ **to resume** est un faux ami qui signifie *reprendre* (une activité interrompue).

◇ **to sum up, to summarise** / (US) **to summarize**.

□ **a summary**, *un résumé* ;

a résumé ['reizju:mei], *un curriculum vitae, un C.V.*

faire un résumé — ***to make*** (et non **to do**) ***a summary***
pour nous résumer / en résumé
in brief / to make a long story short

RESPONSABLE DE QQCH.

◇ **responsible for sth**.

⊖ « responsable of sth. »

Attention à l'orthographe du suffixe **-ible** et non **-able** ainsi qu'à l'emploi de la bonne préposition.

◇ **to be responsible <u>for</u> sth, to be in charge <u>of</u> sth**, la seconde expression désignant une responsabilité fonctionnelle ou technique.

il est responsable des ventes peut se traduire par :
he is responsible for sales / he is in charge of sales
ou ***he is the sales manager***.
il est responsable de l'accident se traduira par :
he is responsible for ou ***he is to blame for the accident***.

⊖ « the responsibles. »

◇ *les responsables* se traduit par **(the) officials / authorities.**

The officials / authorities are due to meet in Brussels.
Les responsables doivent se réunir à Bruxelles.

Cette expression peut avoir des équivalents tels que : **the people / those in charge ; the people / those responsible for sth.**

les responsables du projet
the people in charge of / those responsible for the project
les responsables de l'accident
the people / those responsible for the accident

liable for sth implique une responsabilité civile / financière.

He is liable for the damage / for the debts of the firm.
Il est responsable du dommage / des dettes de l'entreprise.
I'm liable if there is an accident.
Je suis responsable en cas d'accident.

RÉUSSIR (À FAIRE QQCH.)

Ne pas confondre les deux constructions différentes selon le verbe choisi pour traduire cette expression.

◇ **to succeed in doing sth, to manage to do sth**.

RICHE

□ lorsque cet adjectif est substantivé, c'est un collectif singulier qui ne prend jamais d'**s**.

the rich *les riches* = ***rich people***

Au pluriel, il a un sens différent :

the riches / riches *les / des richesses* = ***wealth***

SALAIRE

Avant de traduire ce mot, distinguer entre **wages** (le plus souvent au pluriel) et **salary**. En schématisant, le premier intéresse les **blue-collars** (les « cols bleus », les ouvriers : l'usine) ; le second les **white-collars** (les « cols blancs », les employés et les cadres : les bureaux).

En outre, les **wages** sont encore parfois calculés et payés à la semaine, tandis que les **salaries** sont évalués annuellement et versés mensuellement.

toucher un salaire
to draw / to get / to receive wages / a salary

Les deux termes sont employés conjointement lorsque *salaires* s'applique aux deux catégories de personnel :

The wages and salaries will be raised by 1.2 %.
Les salaires seront augmentés de 1,2 %.

Dans les expressions composées, c'est **wage**, alors invariable, qui l'emporte :

wage increase	*augmentation de salaire*
wage earners	*salariés*
wage freeze	*blocage des salaires*

SANS

Veiller à toujours employer (à la différence du français) l'article indéfini après **without**, lorsque cette préposition est suivie d'un singulier dénombrable.

Il est sorti sans chapeau. ***He left without a hat.***

⊖ « he left without hat » est impossible.

N.B. : l'article ne s'emploie pas avec les indénombrables : *sans argent*, **without money**, ou bien **without any money**.

Dans certains contextes, penser à utiliser une tournure assez fréquente, bien qu'elle puisse paraître inattendue ou compliquée : **if it were not for...**

Sans le SIDA, la recherche médicale n'aurait pas réussi de telles percées.
If it weren't for AIDS, medical research would not have made such breakthroughs.
Sans Paul, je n'aurais pas pu terminer mon travail.
If it weren't for Paul, I would not have been able to finish my work.

SCIENTIFIQUE (subst.)

◇ *un scientifique*, **a scientist**.

⊖ « a scientific » est impossible car ce terme ne peut être qu'adjectif.

un rapport scientifique
a scientific report / a science report

SCOLAIRE

◇ **school** ou **academic**.

année scolaire	***school / academic year***
livres scolaires	***school books / text books***
établissement scolaire	***educational institution***

⊖ ne pas traduire ce terme par **scholar** qui n'est pas un adjectif mais un substantif signifiant *(un) savant, (un) érudit, (un) homme de lettres*.

Voir **scholarly** dans la partie Vocabulaire anglais.

SÉCHERESSE

dryness ne suggère que le *caractère sec* de qqch.

◇ lorsqu'il désigne un phénomène naturel, climatique, ce mot se traduit par **drought** [draut].

Some parts of Ethiopia have been hard hit by the drought.
Certaines régions d'Ethiopie ont été durement touchées par la sécheresse.
I was shocked by the dryness of his remark.
J'ai été choqué par la dureté de sa remarque.

SENSÉ

Ne pas confondre **sensitive**, *sensible* avec **sensible**, *sensé, raisonnable*.

insensé ***mad / insane / foolish / senseless / nonsensical***

□ **sensed** n'est que le participe passé de **to sense**, *sentir* (intuitivement), *pressentir*.

SENSIBLE

○ **sensible** est un faux ami qui signifie *sensé, raisonnable*.

□ à l'adjectif français *sensible* correspondent plusieurs équivalents selon le sens.

- *toucher la corde sensible* ***to touch the sensitive chord***
  She is sensitive to (the) cold.
  Elle est sensible au froid. / Elle est frileuse.
  Public opinion is very sensitive on the matter.
  L'opinion publique est très sensible sur cette question.
- ***Some change can be felt in the new law.***
  Un certain changement est sensible / perceptible dans la nouvelle loi.
- ***There has been a significant / sharp / major increase in the last few months.***
  Il y a eu une augmentation sensible au cours des derniers mois.
- ***to make considerable progress*** *faire des progrès sensibles*

SÉRIE

Ce mot se traduit par **series** ['siəri:z], qui prend toujours un **s**, même au singulier.

⊖ « a serie » est donc impossible.

SEUL

• Lorsqu'il précède un nom, cet adjectif se traduit le plus souvent par **only**.

C'est la seule solution. ***This is the only solution.***

• *un(e) seul(e)* se traduit par **only one** ou **a single**.

Il n'y a qu'une seule solution.
There is only one solution / a single solution.
Il n'a pas posé une seule question.
He didn't ask a single question.

• Dans les autres cas, on emploie **alone**, **by oneself**, **lonely**.

Vous êtes le seul qui puissiez m'aider.
You alone can help me.
Je vais voyager (tout) seul.
I'll travel alone / by myself / on my own.
Elle l'a fait toute seule. ***She did it by herself.***

☐ à distinguer de :

Elle se sent très seule à Paris. ***She feels very lonely in Paris.***

⊖ **alone**, qui indique une solitude plus physique que morale, est ici impossible.

• À signaler d'autres équivalents :

Cette seule pensée me fait frémir.
The bare / mere / sheer / very thought frightens me.
ou encore ***The thought alone frightens me.***

Voir l'entrée *unique*, plus bas.

SHORT

Ce mot ne se traduit jamais par **short** au singulier mais par (**a pair of**) **shorts**, qui peut également désigner *un slip* (d'homme) en américain.

Voir *slip* plus bas.

SIMPLE

Cet adjectif a plusieurs équivalents anglais correspondant à ses différentes acceptions :

- *C'est un problème très simple.*
  This is a very simple problem.
- *Nous prendrons un aller simple.*
  We'll take a single / a one-way ticket.
- *Il a réservé une chambre simple.*
  He booked a single (not a twin bedroom**, et non une double)**.
- *Ils mangent une nourriture simple.*
  They eat plain food.
- *La simple idée de l'appeler me fait peur.*
  The mere idea of calling him scares me.

Les adverbes correspondants sont **simply**, **plainly** et **merely**.

SLIP

□ éviter d'employer le mot **slip** puisqu'il signifie le plus souvent *jupon*, *combinaison* (de femme) ou bien *lapsus* (**a slip of the tongue**).

◇ **underpants** (GB) ; **shorts** (US).

Voir *short* plus haut.

SOCIAL

La traduction de cet adjectif est souvent délicate, en raison de la diversité des équivalents qu'il peut avoir en anglais.

• **social** signifie *« qui a trait à la vie en société / à la vie d'une communauté / d'un groupe »*.

social life	*la vie en société*

N.B. : dans cette acception, les spécialistes des *sciences sociales* (**social science**(**s**)) préfèrent l'adjectif **societal** qui est moins ambigu, mais qui reste assez rare.

social relations désigne les *relations sociales* au sens de « relations au sein de la société / relations privées / mondaines / non professionnelles ».

□ lorsque l'expression *relations sociales* s'applique aux rapports entre employés d'une même entreprise ou entre partenaires sociaux, on doit obligatoirement employer **industrial relations** ou **labour relations** qui se distinguent de **public relations** (abrégées en **P.R.**), *relations publiques*.

L'équation **social** = *social* est justifiée dans le cas de :

social security	*sécurité sociale*
social insurance	*assurance sociale*

• L'expression *agitation sociale* peut avoir deux équivalents :
— **social turmoil** (le mouvement est profond et s'étend à l'ensemble de la société) ;
— **labour unrest** (il est limité aux travailleurs).
De même, dans l'acception syndicale de l'expression, au français *conflit social* correspond **industrial dispute** ou **labour conflict**.

• Le terme **welfare** est spécialisé dans le sens d'*affaires sociales* :

Welfare Minister *ministre des Affaires sociales*
welfare worker / social worker (US)
assistante sociale / travailleur social
to be on welfare *recevoir une aide sociale*
the Welfare state *l'Etat-providence*

• D'autres équivalents sont possibles dans la langue économique :

head office / headquarters / registered office *siège social*
style (of a firm) / corporate name *raison sociale*

N.B. : **corporate** est extrêmement fréquent comme équivalent de la locution « *des entreprises* » :

corporate management *gestion des entreprises*
corporate tax *impôt sur les sociétés*

SOCIÉTÉ

Il travaille dans une importante société :
◇ **He works with a major company.**
⊖ « He works in an important society. »
Noter en passant la préférence de l'anglais pour la préposition **with**, **in** étant employé surtout pour indiquer le lieu ; par ailleurs, voir sous l'entrée *important* les divers équivalents de cet adjectif.

Dans la langue commerciale, éviter l'emploi de **society**, puisque ce terme ne peut s'appliquer qu'à une *association* ou à un *organisme à but non lucratif*. Dans ce domaine, les coopératives constituent un des rares cas (qui ne fait d'ailleurs pas exception à ce principe) où **society** est employé.

A cooperative society is a non profit(-seeking) organisation whose profits, if any, are reinvested for the benefit* of its members.
Une société coopérative est un organisme à but non lucratif dont les bénéfices éventuels sont réinvestis au profit de ses adhérents.*

◇ dans son acception commerciale, les équivalents les plus fréquents du français *société* sont **company** (**corporation** remplace très fréquemment ce terme en américain), **firm**, **concern***, **entreprise**.

Dans son sens courant, **society** est évidemment la traduction qui convient dans tous les cas (ex. : *la société de consommation*, **the consumer society**), mis à part certaines expressions telles que :

La drogue est devenue un problème de société.
Drug addiction has become a social problem.

(parfois **a societal problem**, voir l'entrée *social*).

SOLIDE

Bien que l'anglais **solid** puisse, dans certains cas, être admis comme équivalent de cet adjectif français, on lui préférera généralement d'autres traductions, d'autant que **solid** peut être un faux ami qui a le sens de *massif* (**solid gold**).

On dira : **this firm is financially strong / reliable / sound / healthy**, plutôt que **solid**.

Par contre : **the firm enjoyed two years of solid growth** signifie *l'entreprise a connu deux années de croissance ininterrompue*.

SOUFFRIR (DE QQCH.)

◇ **to suffer from sth**.

⊖ « to suffer of sth. »

Le pays souffre du chômage.
The country suffers from / is plagued by unemployment.

Voir également **to suffer** dans la partie Vocabulaire anglais.

SOUFFRIR (QQCH.)

Attention à l'emploi de ce verbe à la forme négative.

◇ **I can't stand such heat.**
Je ne peux souffrir / supporter une telle chaleur.

⊖ « I can't suffer such a heat » ; « I can't suffer him. »
I can't stand, bear him, put up with him.
Je ne peux pas le souffrir, le supporter.

STAGE

◇ **a training period, a training program(me), a traineeship** (US), **an internship** (US) ; **a probation**, *stage de préemploi, période d'essai*.

☐ *faire / effectuer un stage*, **to complete a training period.**

un stagiaire	***a trainee***, (US) ***an intern***

○ **a stage** signifie *une étape*, *un stade* (synonymes **a step, a phase**).

STATION

L'anglais **station** (en dehors des contextes où il signifie *position, emplacement, poste*) désigne le plus souvent *la gare*.

◇

station de sports d'hiver	***ski / winter resort***
station balnéaire	***seaside resort***
station thermale	***spa / health resort***

STATUE

◇ **a statue** ['stætʃu:] ou ['stætju:].

⊖ **a statute**, qui a un autre sens (voir entrée suivante). Voir également *statut*.

STATUT

◇ **status** ['steɪtəs] (GB), ['stætəs] (US).

social status — *le statut social*

the status of civil servants (***government workers***, en américain)
le statut de la fonction publique

a status symbol — *un symbole de statut social*

⊖ **statute** : au singulier, ce mot a le sens de *décret, ordonnance*.

statute law — *le droit écrit*

the articles (of association) of a company / the statutes of a company
les statuts d'une société

Voir également *statue*.

SUPPORTER

○ **to support** est un faux ami qui signifie *soutenir, appuyer* (cf. le sens que nous donnons à *un supporter* en français).

◇ **to bear, to stand**.

J'ai du mal à supporter un tel bruit.
I can hardly stand / bear such a noise.

Je ne peux pas le supporter.
I can't stand him / bear him / put up with him.

Pour ce dernier verbe, voir **to put up** dans le Vocabulaire anglais.

SÛR

Veiller surtout à distinguer **safe** de **sure** qui sont les plus fréquents équivalents.

◇ **sure** a seulement le sens de *certain*.

I am not sure you're right.
Je ne suis pas sûr que vous ayez raison.

◇ **safe** a le sens de *fiable* (syn. **reliable, dependable**) ou *sans danger* (syn. **secure**).

This protection system is quite safe.
Ce système de protection est tout à fait sûr.
This district is not safe at night.
Ce quartier n'est pas sûr, la nuit.
I don't feel safe / secure in his car.
Je ne me sens pas en sécurité dans sa voiture.
He is safe and sound. *Il est sain et sauf.*

□ *il est sûr de lui*, **he is self-assured / self-confident.**

SURVIVRE À

to survive peut être intransitif et s'employer sans préposition. Ex. : **the custom survived for centuries**, *cette coutume survécut pendant des siècles*. Mais, la plupart du temps, il s'emploie comme un verbe transitif direct.

He is survived by two daughters.
Il laisse deux filles.
He survived the operation.
Il survécut à l'opération.
He might survive his children.
Il pourrait vivre plus vieux que ses enfants.

Penser également à des équivalents tels que **to outlive**, **to outlast**.

SYMPATHIQUE

□ **sympathetic** traduit le français *sympathique* surtout lorsque cet adjectif s'applique à l'anatomie (système nerveux).

○ dans la plupart de ses emplois, c'est un faux ami qui a le sens étymologique de *compatissant*, *bien disposé*.

a sympathetic audience
un public bien disposé (en accord avec l'artiste ou l'orateur)
a sympathetic smile *un sourire de sympathie*
a sympathetic strike *une grève de solidarité*

she looked sympathetic ne signifie pas « elle avait l'air sympathique », mais *elle avait l'air compatissante / prête à vous écouter.*

She is a very nice girl. *C'est une fille très sympathique.*

SYNDICAT

Au sens courant du terme, ce mot se traduit par **union** (GB : **trade union** et US : **labor union**) et non par **syndicate**, qui a le sens général de *groupe(ment), association, pool.*

À noter les expressions :

***the crime syndicate** (**organized crime / the mafia / the mob**)*
le syndicat du crime (l'organisation du crime / la mafia / le milieu)
a press syndicate *un syndicat / groupe de presse*

Voir également *syndiqué.*

SYNDIQUÉ

○ **syndicated** n'a pas le sens syndical de l'adjectif français. Il s'applique à une personne affiliée à un groupe(ment), à une organisation non syndicale.

a syndicated columnist (US)
un journaliste travaillant pour un groupe de presse (dont les articles sont publiés simultanément dans plusieurs journaux)
a syndicated feature (US)
une rubrique paraissant simultanément dans plusieurs journaux (appartenant à un **press syndicate** ['sindikəit])

Voir l'entrée *syndicat* dans la partie Vocabulaire français.

◇ **unionised, unionized** (US).

se syndiquer ***to join a union***
syndiquer des travailleurs ***to organize workers***
les syndiqués
union members / unionized workers / organized labo(u)r

TEMPS

Ne pas confondre les trois équivalents anglais de ce terme : **time** dans son sens chronologique, **weather** dans son sens météorologique, **tense** dans son sens grammatical.

Such a time is fine for me. *Cette heure-là me va très bien.*
Such weather is fine for me.
Ce temps-là / Ce genre de température me va très bien.
We're going to have a hot time.
Il va y avoir du grabuge. / Ça va chauffer.
We're going to have hot weather.
Il va faire très chaud.
the preterit tense *le temps prétérit*

(SE) TERMINER

○ **to terminate sth** est un verbe transitif qui signifie *mettre fin à qqch., résilier* (un contrat).

◇ (trans.) **to finish**, **to complete sth** ; (réfl.) **to end**, **to come to an end**.

He finished his homework at 5 p.m.
Il termina ses devoirs à 5 heures.
The meeting ended / came to an end at 11.30.
La réunion se termina à 11 h 30.

TERRE

Ce mot a plusieurs traductions correspondant à ses différentes significations.

• au sens de *planète* ◇ **earth** [ə:θ].
the planet Earth *la planète Terre*

• au sens géologique ou agricole ◇ **soil**.
hard / fertile soil *terre dure / fertile*

• au sens immobilier ◇ **land**.
to own / to buy land *posséder / acheter de la terre*

• au sens de *sol*, *niveau* ◇ **ground**, **floor**.
Il est tombé par terre.
He fell on the ground (plutôt à l'extérieur).
He fell on the floor (plutôt à l'intérieur).

TERRIBLE

Ce mot a deux sens distincts en français de telle sorte que l'on risque d'exprimer le contraire de ce que l'on veut dire si l'on n'emploie pas l'équivalent approprié.

○ au sens familier de *formidable*, *sensationnel*, il faut éviter d'employer **terrible** qui signifie *désastreux*, *très mauvais*, etc.

The film was terrible. *Ce film était très mauvais / nul.*
You look terrible today. *Tu as une mine épouvantable aujourd'hui.*

◇ **terrific**.

The film was terrific. *Ce film était formidable / sensationnel.*
You look terrific / great today.
Tu as une mine splendide / Tu as l'air en pleine forme aujourd'hui.

Veiller à accentuer (avec une certaine emphase) **terrible** sur la première syllabe et **terrific** sur la deuxième.

• au sens propre du français *terrible* (= *effrayant*), correspond l'anglais **terrible**, **awful**, **terrifying**, **horrifying** ; (fam.) **scary**.

THÉORIQUE

◇ **theoretical**.

⊖ « theoric », « theorical ».

Veiller également à la morphologie de l'adverbe correspondant : **theoretically** ainsi qu'à des dérivés tels que **theoretician**, *théoricien*.

TISSU

tissue ['tiʃu:], ou ['tiʃju:] ne correspond au français *tissu* qu'au sens anatomique du terme.

Lab tests will be carried out on human tissue.
Les tests de laboratoire seront effectués sur des tissus humains.

• **tissue** est très fréquent au sens de *mouchoir en papier*.

I hate to blow my nose in tissues.
J'ai horreur de me moucher dans des mouchoirs en papier.

• quand le français *tissu* désigne un textile, il se traduit par **cloth**, **material**, ○ **fabric**.

synthetic / man-made fabrics *tissus synthétiques*
furnishing fabrics *tissus d'ameublement*

• **fabric** s'emploie également au sens figuré dans des expressions telles que **the social fabric**, *le tissu*, *l'édifice social*.

TOAST

Ce mot est un collectif singulier et ne prend donc jamais d'**s**. On dira ainsi :

He ordered some toast. *Il commanda des toasts.*
I'd like another piece of toast.
Je voudrais un autre toast / encore un toast.
How many pieces of toast do you want ?
Combien de toasts voulez-vous ?

Dans l'autre sens du terme, *porter un toast* se dit **to propose a toast** ; *porter un toast à qqun* peut se traduire par l'une des expressions suivantes : **to propose the health of sbd** ; **to drink someone's health** ; **to toast sbd.**

TOUCHER

to touch ne traduit généralement ce verbe qu'au sens propre, tactile du terme.

Au sens figuré, il se traduit soit par **to hit**, **to affect**, **to involve**, **to spread to sbd** ou **sth**, soit par **to move / to touch**.

> ***This industry is hard hit by foreign imports.***
> *Ce secteur est durement touché par les importations étrangères.*
> (= ***it is seriously affected by... / it suffers a lot from...***)
> ***The epidemic might affect / spread to neighbo(u)ring countries.***
> *L'épidémie pourrait toucher / gagner les pays voisins.*
> ***She was really moved / touched by his proposal.***
> *Elle fut vraiment touchée par sa proposition.*

☐ *toucher un salaire*, to draw, to receive, to get a salary / wages.

> *Je touche du bois !* — ***Knock on wood ! / Touch wood !***

TOUJOURS

Ne pas traduire systématiquement cet adverbe par **always** qui n'est un équivalent approprié que dans les contextes où il signifie *tout le temps, en permanence*.

• *il fume toujours des Winston*, **he always smokes Winstons** (= il ne fume pas d'autre marque) ;

> *Il pleut toujours en Irlande.* — ***It always rains in Ireland.***

• Lorsqu'il a le sens de *encore*, qu'il décrit une situation qui continue, il se traduit par **still** ou encore par (**not**) **yet** dans les phrases négatives.

> *Il fume toujours des Winston.* — ***He still smokes Winstons.***
> (= il continue à fumer des Winston, il n'a toujours pas changé de marque)
> *Il n'a toujours pas cessé de fumer.*
> ***He still hasn't quit smoking. / He hasn't quit smoking yet.***
> (= il n'a pas encore arrêté)

• Au sens de *en tout cas, n'importe comment, de toute façon*, il peut avoir pour équivalents **anyway**, **anyhow**, **at least**, etc.

> *Il a toujours essayé de s'arrêter !*
> ***Anyway / At least, he's tried to quit ! / He's tried to quit, anyhow !***

• Au sens de *pour toujours, à jamais*, il se traduit par **for ever**.

Il a cessé de fumer pour toujours / pour de bon.
He's quit smoking for good / for ever.

TRAITER QQCH.

○ **to treat**. Ce verbe est souvent un faux ami qui signifie *offrir qqch. à qqun, régaler qqun*, **to treat sbd to sth** (voir **treat** dans la partie Vocabulaire anglais).

◇ **to process**.

to process data / information *traiter des données / de l'information*

On dira par contre :

The information will be treated confidentially.
Discrétion assurée (les renseignements seront traités confidentiellement).

TRAITER DE QQCH.

◇ **to deal with sth** ; **to tackle / to broach a topic**, plus rarement.

This article deals with crime in the United States.
Cet article traite de la criminalité aux Etats-Unis.
The journalist tackles the problem of human rights / broaches the question of human rights.
Le journaliste (traite) s'attaque au problème des droits de l'homme / aborde la question des droits de l'homme.

⊖ éviter des traductions telles que « to treat sth », « to speak of sth », « to talk about sth ».

□ *traiter qqun de qqch.*, **to call sbd sth** :

Il m'a traité de menteur. ***He called me a liar.***
Il m'a traité de tous les noms. ***He called me names.***

TRANSPLANTATION

◇ **transplant**.

⊖ « transplantation. »

une transplantation cardiaque ***a heart transplant***

TRAVAIL

Ce mot a au moins quatre traductions différentes selon ses emplois : **work**, **job**, **employment**, **labour** (US **labor**).

La plupart des erreurs résultent de la confusion entre **work** (*du travail*) et **job** (*un travail*).

⊖ ainsi, « he is looking for a work » est impossible.

◇ **he is looking for work / for a job / for employment.**

J'ai beaucoup de travail.	***I have a lot of work.***
Je n'ai pas de travail / d'emploi.	***I have no job.***

Le gouvernement s'efforce d'offrir du travail / des emplois aux chômeurs.
The government is endeavouring to offer jobs / employment to the unemployed / jobless people.

être sans travail / au chômage / sans emploi
to be out of work / to be out of a job (□ ne pas oublier l'article), ***to be jobless / to be unemployed***

le ministère du Travail	***the Labour Ministry***
une bourse du travail	***a labour exchange***

Dans d'autres contextes, **labour** traduit souvent le français *main-d'œuvre*.

□ **a works** (toujours avec un **s**) signifie *une usine*.

Voir également *noir* pour les traductions de la locution *travail au noir* et ses dérivés.

TROP

Pour les différents équivalents de ce terme, se reporter au chapitre « Les quantificateurs », p. 134.

UNIQUE

○ l'anglais **unique** est le plus souvent un faux ami signifiant *exceptionnel*, *extraordinaire*, *seul en son genre*, bien que, dans des contextes tels que **a unique opportunity**, il puisse se traduire par *une occasion unique* ou *exceptionnelle*.

⊖ la traduction par l'anglais **unique** est très fréquemment impossible, comme l'attestent les exemples suivants :

tarif unique	***single rate***
fils unique	***only son***
rue à sens unique	***one-way street***
voie à sens unique	***single-line traffic***

UNITÉ

Distinguer selon le cas entre **unit** (unité de mesure) et **unity** (fait d'être uni ou unifié).

⊖ « the ounce is a unity of weight », *l'once est une unité de poids*.

◇ **a unit**.

• **unity** traduit *l'unité* (le fait d'être uni) plutôt qu'*une unité*.

the Organisation of African Unity (O.A.U.)
l'Organisation de l'Unité Africaine (O.U.A.)

Le verbe correspondant, **to unite** [ju'nait], est réfléchi.

Proletarians of all nations, unite !
Prolétaires de tous les pays, unissez-vous !

• **unit** s'applique à une *unité de mesure**, *de compte*.

The yard is a measurement unit.
Le yard est une unité de mesure.
The acronym ECU stands for European Currency Unit.
Le sigle ECU signifie « unité monétaire européenne ».

VACANCES

☐ ne pas confondre **holiday** (le singulier correspond souvent au pluriel français), **holidays**, **vacation** (US) d'une part et **vacancy** (*vacance* au sens de *poste vacant*) d'autre part.

« vacancies » / « no vacancies »
(hôtel) *« chambres libres » / « complet »*

VALOIR

Veiller à ne pas confondre les différents équivalents de ce verbe et les expressions qu'il sert à former.

• *ce livre vaut 18 dollars*, **this book costs / is worth $ 18 / sells for $ 18.**

Il vaut plus cher / deux fois moins cher.
It is more expensive / twice as cheap.

• *ce livre vaut la peine d'être lu*, **this book is worth reading**.

• Lorsque l'expression *valoir la peine / le coup* est employée dans l'absolu, sans être suivie d'un infinitif, elle est traduite par **worthwhile**.

L'investissement n'en valait pas la peine.
The investment wasn't worthwhile.

• Dans les contextes où l'expression conserve son sens littéral, elle a un autre équivalent.

Trying to convince him isn't worth the trouble.
Ça ne vaut pas la peine d'essayer de le convaincre.
(= ça serait peine perdue)

VÉHICULE

vehicle.

□ ce mot s'orthographie sans **u** en anglais et se prononce sans **h** aspiré : ['vi:ikl] ou ['viəkl].

VESTE

○ l'anglais **vest** est un faux ami qui signifie *gilet* ou *maillot de corps*. Le français *veste* se traduit par **jacket** ou **coat**.

2 VOCABULAIRE anglais-français

TO ACCOMMODATE (SBD)

Ce verbe peut avoir le sens d'*arranger*, *être agréable à qqun*.

to accommodate a client
arranger / rendre service à un client

○ mais il est souvent faux ami avec le sens de *loger* (**accommodation**, *logement*). Dans cette acception, il est synonyme de **to put sbd up**, à ne pas confondre avec **to put up with sbd**, *supporter qqun*.

Veiller à bien redoubler le **c** et surtout le **m** dans l'orthographe de ce mot.

TO ACHIEVE

○ ce verbe ne signifie jamais « achever, terminer ».

◇ il correspond au français *accomplir*, *exécuter*, *réaliser* ; *atteindre*, *obtenir*.

He achieved good results.
Il a obtenu / est parvenu à de bons résultats.
He has eventually achieved his purpose.
Il a fini par atteindre son but.
He will never achieve anything unless he works harder.
Il n'arrivera jamais à rien s'il ne travaille pas davantage.

ADDRESS (subst.)

Du point de vue orthographique, il faut veiller à toujours redoubler le **d**. Du point de vue sémantique, ce mot traduit bien entendu le français *adresse* mais uniquement au sens de *domicile*.

○ il est assez souvent faux ami avec le sens de *discours*, *allocution*.

to deliver / give an address / to make a speech
faire un discours / prononcer une allocution

AFFAIR

Ce mot a souvent une connotation amoureuse ou scandaleuse.

to have an affair with someone *avoir une liaison avec qqun*
the Watergate affair *l'affaire / le scandale du Watergate*

to do (⊖ « to make ») **business with sbd.**
faire des affaires / être en affaires avec qqun

Foreign Affairs, *les Affaires étrangères*

AGAINST

Outre le sens normal de *contre* (**against the wall**, *contre le mur* ; **against the enemy**, *contre l'ennemi*), cette préposition peut être l'équivalent de la locution *par rapport à*.

Voir *rapport* dans la partie Vocabulaire français.

APPROACH

Lorsque ce mot est un substantif, il est obligatoirement suivi de la préposition **to**.

◇ ***This is a new approach to the problem.***
C'est une nouvelle approche du problème.

⊖ « this is a new approach of the problem » est impossible.

He has been approached unofficially.
Il a été contacté officieusement.

They had never approached the question.
Ils n'avaient jamais abordé / Ils ne s'étaient jamais attaqués à cette question.

TO ATTEND

Au sens d'*assister à qqch.*, ce verbe n'est pas suivi de la préposition **to**.

to attend a lecture — *assister à une conférence*

Il est au contraire suivi de **to** lorsqu'il signifie *s'occuper de qqun, de qqch.*

to attend to a matter — *s'occuper d'une affaire*
Are you being attended to ? — *Est-ce qu'on s'occupe de vous ?*

AIR

Ce mot est bien sûr l'équivalent du français *air*. Mais il a un sens tout à fait différent (*ondes*, *antenne*) dans des expressions très fréquentes telles que :

air time — *le temps d'antenne*

to be on the air
avoir l'antenne / être sur les ondes / émettre

This play will be put on the air next summer.
Cette pièce sera diffusée (à la radio ou à la télé) *l'été prochain.*

□ **to air one's views**, *exprimer ses opinions*.

TO BECOME

Ce verbe est souvent mal employé, par assimilation à l'allemand **bekommen**, *recevoir*.

◇ en anglais, sa signification la plus courante est celle de *devenir*.

À noter, le fait qu'il signifie également *aller (bien)*, *être seyant*, *convenir*.

> ***This dress does not become her.***
> *Cette robe ne lui va / sied pas.*
> ***Such language does not become a politician.***
> *Un tel langage est indigne de (ne convient pas à) un politicien.*

BENEFIT

○ ce mot ne signifie pas *bénéfice* mais *avantage* (de toute nature, pas nécessairement pécuniaire).

□ *bénéfice*, **profit**.

BLIND

Quand cet adjectif est substantivé, c'est un collectif pluriel qui ne prend jamais d'**s**.

the blind	*les aveugles*
a blind man / woman / person	*un(e) aveugle*

Il existe aussi comme substantif : au singulier, **a/the blind**, *un/le store* ; au pluriel **blinds / the blinds**, *des/les stores*.

BOTH

• **both** exprime une identité ou une communauté particulière.

⊖ « the both » est impossible.

• **the two** met l'accent sur la différence entre deux individus ou deux choses qui conservent leurs spécificités individuelles.

◇ on dira ainsi :

> ***There are great differences between the two countries.***
> *Il y a de grandes différences entre les deux pays.*

de même que :

> ***Close relations exist between the two countries.***
> *Des relations étroites existent entre les deux pays.*

□ à distinguer de :

> ***Both countries have established relations with China.***
> *Les deux pays ont établi des relations avec la Chine.*

Dans les deux premiers exemples, **both** ne peut pas remplacer **the two**. Par contre, la substitution serait possible dans le troisième exemple.

□ **both** est également employé comme adverbe avec le sens de *à la fois*.

She is both French and American.
Elle est à la fois française et américaine (elle a la double nationalité).

Voir également **either**, **neither** (p. 184, phr. 1).

CAMERA ['kæmrə]

Ce terme peut être ambigu puisqu'il désigne aussi bien *la caméra* que *l'appareil photo*.

TO CHARGE

Veiller à ne pas confondre les différents sens et emplois de ce verbe.

□ l'anglais **to charge** ne peut pas s'appliquer à un chargement de marchandises.

◇ **to load a lorry** (US **a truck**), **a ship**, *charger un camion, un bateau*.

• cependant, il peut dans certains cas s'employer comme en français :

to charge a gun / a battery / the enemy
charger un fusil / une pile/batterie / l'ennemi

• **to charge sbd, sth**, a le sens de *faire payer qqun*, *débiter* (un compte).

They charged me $10. / I was charged $10.
On m'a fait payer dix dollars. / J'ai dû payer dix dollars.
The sum was charged to my account.
La somme a été imputée à / sera débitée/prélevée sur mon compte.

Dans cette acception, noter l'expression employée régulièrement aux caisses des magasins : **cash or charge ?** *vous réglez comment ?* (*au comptant* : en espèces ou par chèque ; ou bien *par carte de crédit*, d'où débit sur un compte).

□ **to charge sbd with (doing) sth** est le plus souvent l'équivalent de l'expression *accuser qqun de* (*d'avoir fait*) *qqch*. Il est donc préférable d'éviter l'emploi de cette construction pour traduire le français *charger qqun de qqch.* en ayant recours à d'autres verbes :

Il m'a chargé de leur écrire. ***He asked me to write them.***
Un avocat a été chargé de l'affaire.
A lawyer was entrusted with the case.
The case was entrusted to a lawyer.

Distinguer :

The suspect was charged with the crime.
Le suspect a été accusé / inculpé du crime.
The judge is in charge of the case.
Le juge est chargé de l'affaire.

CHEAP

Ne pas employer systématiquement cet adjectif pour traduire des expressions telles que *pas cher*, *bon marché*, *intéressant** car il a fréquemment une connotation, voire une signification de « mauvaise qualité ».
Ainsi, une phrase comme : **this store sells cheap articles** est ambiguë, en dehors de tout contexte, puisqu'elle peut soit signifier que les prix pratiqués sont avantageux (*dans cette boutique, les prix sont intéressants*), soit que la qualité de la marchandise laisse à désirer (*les articles vendus dans cette boutique ne valent pas grand-chose*).
◇ pour éviter toute ambiguïté, employer des termes tels que **inexpensive, low-priced** qui ne font peser aucun doute sur la qualité. C'est pourquoi un vendeur d'automobiles
préférera dire : **We sell low-priced cars.**
plutôt que : **Our cars are cheap.**
□ appliqué à une personne, **cheap** signifie *mesquin*, *regardant*, *radin*. Voir plus bas **mean**.

TO COME

Ce verbe a deux emplois peu connus pouvant déboucher, dans un cas, sur une incompréhension, dans l'autre, sur une situation embarrassante :

• **they also come in black** ne veut pas dire « ils arrivent aussi dans le noir » mais *elles existent / ils se font également en noir* (il peut s'agir de chaussures, d'imperméables, etc.).

This dryer does not come in 110 volts.
*Ce séchoir ne se fait pas (n'est pas disponible, **is not available**) en 110 volts.*

• dans son acception sexuelle, **to come** signifie *jouir*.

CONCERN (subst.)

Selon le contexte, ce substantif signifie soit *préoccupation*, *souci*, soit *entreprise* (synonymes **firm, company, entreprise**). Voir **to concern**.

TO CONCERN

Ce verbe a deux sens, *concerner* et *préoccuper*, qu'il faut savoir distinguer selon le contexte ou par la préposition qui suit, lorsqu'un complément est mentionné.

She didn't feel concerned.
*Elle ne se sentait pas concernée (***by the problem***, par ce problème).*
She looked concerned.
*Elle avait l'air préoccupée / soucieuse (***over the problem***, par ce / à propos de ce problème).*

Afin d'éviter l'ambiguïté de ce verbe, l'anglais préfère souvent le remplacer par une tournure moins équivoque qui utilise le substantif :

L'augmentation du chômage préoccupe sérieusement les milieux gouvernementaux.
The increase in unemployment figures is causing major concern in government circles.

Voir **concern** (subst.).

CONDUCTOR

○ ce faux ami ne traduit jamais le français *conducteur* auquel correspond l'anglais **driver** mais signifie *contrôleur* (de train, d'autobus) ou *chef d'orchestre*.

CONSERVATIVE

En dehors de son acception politique, lorsqu'il ne s'applique ni à un individu ni à un parti, cet adjectif ne se traduit pas par *conservateur*, mais par *modéré*.

This is a conservative estimate of the inflation rate.
C'est une estimation / prévision modérée du taux d'inflation (le taux réel sera sans doute supérieur).

TO CONVICT

Ne pas confondre ce verbe avec **to convince**, *convaincre, persuader*.

⊖ **he was convicted** ne signifie pas « il était convaincu » mais *il fut déclaré / reconnu coupable*.

to convict sbd of a crime
convaincre qqun d'un crime (sens juridique)
déclarer qqun coupable d'un crime
He was convinced by my arguments.
Il fut convaincu par mes arguments.

a convict, *un condamné, un détenu ; un forçat, un bagnard*.

CURRENTLY ['kʌrəntli]

○ cet adverbe ne signifie pas *couramment* mais *actuellement* ; *couramment* se traduit selon le cas par **commonly, frequently** ou bien par **fluently**.

C'est la langue la plus couramment employée.
It is the most commonly / frequently used language.
Je ne parle pas anglais couramment.
I don't speak English fluently.

TO DECIDE

Ce verbe ne peut pas en principe s'employer comme un transitif direct, sauf dans des expressions telles que **that decided his career**, *cela décida de sa carrière*.

⊖ éviter donc de dire « to decide sth ».

◇ **to decide on sth.**

Les travailleurs ont décidé une grève.
The workers decided on a strike.

□ *se décider* ne se traduit pas littéralement par « to decide oneself » mais **to make up one's mind**.

Il a fini par se décider.
He eventually made up his mind.

TO DESIGN

○ ce verbe ne signifie pas *désigner* mais *concevoir*.

◇ au français *désigner* correspond **to point out to sth, to show sth** au sens d'*indiquer* et **to appoint sbd** au sens de *nommer*.

Tous les témoins désignèrent le même suspect.
All witnesses pointed out to the same suspect.
Un expert britannique fut désigné.
A British expert was appointed.

□ ***The Japanese are designing a completely new system.***
Les Japonais sont en train de concevoir un système totalement nouveau.
This book is designed for (intended for, aimed at) teenagers.
Ce livre s'adresse aux adolescents.
This is designed to increase speed.
Cela vise à augmenter la vitesse.

DISPUTE

Ce terme a le sens du français *controverse*, *débat*, *contestation* ou *conflit*.

The report caused a heated dispute / controversy among experts.
Le rapport a provoqué une vive controverse parmi les experts.
The facts are beyond / past dispute.
Les faits sont incontestables / indiscutables.
This is a major industrial dispute.
C'est un conflit syndical important.

☐ lorsque le français *dispute* a le sens de *querelle* (pouvant aller jusqu'à l'affrontement physique), on le traduit par **quarrel**, **fight** (voire **brawl**, *bagarre*), les verbes correspondants étant **to quarrel**, **to fight**.

Au sens de *dissensions*, *inimitié*, notez aussi l'anglais **feud** [fju:d].

DUTCH

Ne pas confondre avec l'allemand **deutsch**. Ce terme signifie *hollandais* ou *néerlandais* et s'écrit, comme tous les adjectifs et substantifs de nationalité, avec une majuscule.

the Dutch	*les Hollandais*
Dutch citizens	*les citoyens hollandais*
to speak Dutch	*parler néerlandais*

the Netherlands, qui désigne *les Pays-Bas*, est toujours accompagné de l'article défini, contrairement à **Holland**.

◇ *allemand* se traduit par **German**.

the Germans	*les Allemands*
to speak German	*parler allemand*

☐ **this is double Dutch to me**, *c'est de l'hébreu pour moi*.

We'll go Dutch.	*Chacun paiera sa part.*

ECONOMICAL

Cet adjectif ne correspond pas uniquement au français *économique*, au sens de « qui permet de réaliser une économie, financièrement ou pécuniairement avantageux » (voir cette entrée dans la partie Vocabulaire français). Il est souvent l'équivalent de l'adjectif *rentable* (voir également cette entrée).

• **an economical** (≠ **uneconomical**) **project**, *un projet rentable* (≠ *non rentable*).

TO ENDURE

Lorsqu'il est transitif, ce verbe a le même sens qu'en français, à savoir *endurer*, *supporter qqch*.

What cannot be cured must be endured.
Il faut souffrir ce que l'on ne peut empêcher / Où il n'y a pas de remède, il faut se résigner.

Employé intransitivement (sans complément d'objet), il signifie *durer*, *subsister*.

Such a custom endures in Japan.
Une telle coutume existe encore / survit au Japon.

EVENTUALLY

○ cet adverbe ne signifie pas *éventuellement* mais plutôt *finalement*, *en fin de compte*, *ultérieurement*.

All the funds which have been collected will eventually go to African countries.
La totalité des fonds qui ont été collectés sera finalement attribuée à des pays africains.

Voir *éventuellement* qui peut avoir, entre autres équivalents, **perhaps**, **maybe**, **possibly**, **if need be**.

EVIDENCE

○ ce terme est le plus souvent un faux ami qui signifie *preuves*, *témoignages*.
De plus, c'est un collectif singulier qui ne prend pas d'**s** au pluriel et qui est suivi d'un verbe au singulier :

The evidence is final.
Les preuves ne laissent aucun doute.
Les témoignages sont concluants / formels.

□ au singulier, on dira **a piece of evidence**, *une preuve*, *un témoignage*.

Voir **proof**.

FINAL

Cet adjectif peut bien entendu être l'équivalent de son homologue français.

○ mais il se comporte fréquemment comme un faux ami dont le sens est assez différent :

This is a final decision.
C'est une décision sans appel.
The evidence is final.
Les témoignages sont concluants.
Les preuves ne laissent aucun doute.

GENIAL

○ cet adjectif signifie *jovial*, *sympathique* quand il s'applique à une personne et *agréable*, *réconfortant* lorsqu'il s'applique à une chose.

□ *Il est génial.* — ***He is a genius.***
C'est génial ! (fam.) — ***That's great !***

GRAND

Dans la plupart des cas, cet adjectif est un faux ami qui ne peut traduire le français *grand* qu'au sens de *grandiose*, *majestueux*.

the Grand Old Party, le plus souvent employé sous sa forme abrégée, **the GOP** [dʒi:əupi:], désigne *le Parti Républicain* aux Etats-Unis.

En argot, le substantif **a grand** signifie *mille livres* (GB) ou *mille dollars* (US).

GREAT

Dans certains emplois ou registres (surtout dans la langue familière), cet adjectif ne correspond pas au français *grand* qui a de très nombreux équivalents. (Voir cette entrée, ainsi que l'anglais **grand**.)

This is a great idea ! — *C'est une idée formidable !*

HAIR

Ce mot ne prend jamais d'**s** au sens collectif de *cheveux*.

His hair is grey. — *Il a les cheveux gris.*
I'll wash my hair. — *Je vais me laver les cheveux.*

Le singulier **a hair** signifie *un poil* ou *un cheveu*, le pluriel **hairs** ayant uniquement le sens de *poils*.

He's got a lot of hairs on his chest.
Il a énormément de poils sur la poitrine.
to split hairs
couper les cheveux en quatre

HARDLY (adv.)

à peine.

Voir *dur*, *durement* dans la partie Vocabulaire français.

TO HEAR

Employé seul ou suivi d'une préposition, ce verbe peut avoir une signification qui diffère de son sens premier d'*entendre*.

I heard that he was ill.
J'ai appris / entendu dire qu'il était malade.
I heard from his mother that he was ill.
J'ai appris par sa mère qu'il était malade.

N.B. : dans cette acception, **to learn** est impossible.

The case was heard in London (by a London court).
L'affaire est passée en audience à Londres (a été entendue par un tribunal de Londres).

a hearing	*une audience*
I heard from his mother.	*J'ai eu des nouvelles de sa mère.*
I heard of his mother.	*J'ai entendu parler de sa mère.*

TO HELP

Ce verbe se prête à des emplois idiomatiques très fréquents qui sont sans rapport avec son sens premier d'*aider*.

• avec une négation :

I can't help such problems.
Je ne saurais empêcher / résoudre de tels problèmes.
I can't help it if he is disappointed.
Ce n'est pas ma faute s'il est déçu.
I can't help it. *C'est plus fort que moi.*

• sans négation explicite :

How can I help it ?
Que voulez-vous que j'y fasse ? / Que puis-je y faire ?

• avec **can't** + verbe en **-ing**. Cette construction est des plus fréquentes :

I can't help laughing. *Je ne peux m'empêcher de rire.*
She couldn't help crying.
Elle ne put retenir ses larmes / s'empêcher de pleurer.

Veiller à distinguer les deux constructions suivantes :

Je ne peux pas l'empêcher de le faire.
I can't prevent him from doing it.
Je ne peux pas m'empêcher de le faire.
I can't help doing it.

• il peut être suivi de **with**, cette préposition ne correspondant pas au français *avec*.

Can you help me with my luggage ?
Peux-tu m'aider à porter mes bagages ?

He helped her with her translation.
Il l'a aidée à faire sa traduction.

• il peut avoir le sens de *(se) servir* :

Can I help you ?
Que désirez-vous (que je vous serve) ?
Help yourself. *Servez-vous.*
Help yourself to some cake. *Servez-vous du gâteau.*

INSTRUMENTAL

○ cet adjectif peut être un faux ami, dans une expression telle que :

to be instrumental in sth
jouer un rôle prépondérant dans qqch. / prendre une part importante à qqch.

INTELLIGENCE

○ ce substantif a bien entendu le même sens que son homologue français, mais il peut également être un faux ami, collectif singulier, signifiant *renseignements*.

ISSUE

problème.

Veiller à ne pas utiliser systématiquement ce terme dans les cas — très fréquents — où l'anglais **problem** est plus approprié.

◇ **an issue** est *un problème, une question* qui donne lieu à des prises de position divergentes, à un débat d'idées, à une confrontation générale.

Une personne qui aurait par exemple perdu ses clefs se trouverait confrontée à **a problem**. Mais une telle situation, aussi embarrassante qu'elle puisse être sur un plan personnel, ne pourrait jamais constituer **an issue**. En revanche, le problème de l'immigration qui divise l'électorat serait bien **an issue**.

○ l'anglais **issue** n'est jamais un équivalent du français *issue* qui se traduit, au sens propre, par **exit** et, au sens figuré, par **outcome, solution, conclusion**.

issue de secours ***emergency exit***
C'est la seule issue. ***It is the only solution.***
L'issue des négociations est encore incertaine.
The outcome of the negotiations is uncertain yet.

LIBRARY

○ ce faux ami n'est pas l'équivalent du français *librairie* qui se traduit par **bookstore.**

◇ il signifie *bibliothèque* mais seulement lorsque ce terme désigne un bâtiment ou une pièce où sont conservés des livres.

Lorsque *bibliothèque* désigne un meuble, il se traduit par **bookcase, bookstand** ou **bookshelves** (*étagères, rayonnages*).

TO LOSE

perdre.

□ à l'infinitif et au présent de l'indicatif, ce verbe ne prend qu'un **o** et se prononce avec le son [z] : **to lose** [lu:z]. Prétérit et participe passé **lost** [lɔst].

Ne pas le confondre dans l'orthographe et la prononciation avec l'adjectif **loose** [lu:s], *lâche, relâché* (**my belt is loose,** *ma ceinture n'est pas assez serrée*), dont le contraire est **tight**, *serré, tendu* ; **to loosen** ['lu:sn], *(se) relâcher, (se) détendre*, ≠ **to tighten**, *(se) resserrer.*

TO MANAGE

Lorsqu'il traduit le français *réussir à faire qqch.*, ce verbe ne peut être suivi que de **to do sth.**

> ***He finally managed to get in touch with him.***
> = ***He finally succeeded in getting in touch with him.***
> *Il a fini par réussir à le joindre.*

Voir ce mot dans la partie Prononciation.

MEAN

Adjectif, il signifie *moyen, médian* dans des expressions telles que **in the mean time / meanwhile**, *entre-temps*. Il a également le sens de *méchant* et d'*avare, mesquin* (voir **mean** dans la liste de Vocabulaire américain proposée à la fin de cette partie).

Noter l'emploi de **mean**, en tant que substantif, dans l'expression **the golden mean**, *le juste milieu*. (Voir *moyen*, subst., dans la partie Vocabulaire français.)

TO MEET

Dans les traductions du français pronominal *se rencontrer*, éviter les calques impossibles tels que « we met ourselves » ou « they met each other ».
Voir *se rencontrer*.

NEWS

Sur l'emploi de ce nom qui prend toujours un **s**, même au singulier, se reporter, dans la partie Grammaire, p. 123 (« Noms qui se terminent en **-s** au singulier »).

NOTORIOUS

Cet adjectif, qui a toujours une connotation négative (*de mauvaise réputation*, *de triste notoriété*), ne doit pas être confondu avec **famous** (*célèbre*, *réputé*) qui a un sens opposé. La déclaration suivante d'Oscar Wilde peut aider à les distinguer :

> ***« I'll be a poet, a writer, a dramatist. Somehow or other, I'll be famous, and if not famous, notorious. »***
> *« Je serai poète, écrivain, dramaturge. D'une façon ou d'une autre, je me rendrai célèbre et, si je n'y parviens pas, je ferai parler de moi. »*

OCCUPATION

○ ce terme est souvent un faux ami qui correspond au français *profession*.
Selon le contexte, le français *occupation* se traduit par **business**, **work** ; **activity**, **pursuit** ; **hobby**, **pastime**.

ONE OF THE ...

□ le singulier ne se justifie que dans les phrases exprimant réellement un superlatif absolu.

> ***It is the world's most polluted city.***
> *C'est la ville la plus polluée du monde.*

◇ le pluriel est donc obligatoire (comme en français d'ailleurs) dans les tournures introduites par **one of**.

> ***It is one of the most polluted cities*** (⊖ **city**).
> *C'est l'une des villes les plus polluées.*
> ***He is one of my best friends*** (⊖ **friend**).
> *C'est l'un de mes meilleurs amis.*
> ***This is one of the reasons*** (⊖ **reason**).
> *C'est l'une des raisons.*

OVER

Outre son sens spatial (*sur, au-dessus, par-dessus...*) ou temporel (*terminé, fini, achevé*), ce terme peut être l'équivalent de la locution *par rapport à* (voir l'entrée *rapport*).

PARENTS

Ce mot désigne, comme son équivalent français, *le père et la mère*.

En anglais, il peut s'employer au singulier pour désigner indifféremment le père ou la mère.

an adoptive parent — *père ou mère adoptif(ve)*

un parent (au sens de membre d'une famille) se traduit par **a relative**, mot accentué sur la 1re et non la 2e syllabe ['relətiv].

I have distant relatives in Spain.
J'ai des parents éloignés en Espagne.

PARTICULARS

○ ce faux ami n'a rien à voir avec le français *les particuliers* (voir *particulier*). Il signifie *renseignements détaillés / information précise*. Il est très fréquent dans des expressions telles que **full particulars**, *tous les détails, une information détaillée* ; **further particulars**, *de plus amples renseignements*.

Could you provide us with full particulars on... ?
Pourriez-vous nous fournir tous les renseignements / une information détaillée sur... ?
Should you require further particulars...
Au cas où vous auriez besoin d'une plus ample information...

TO PERFORM

Ce verbe a une connotation tout à fait neutre. Il a le sens général de *produire un* (bon ou mauvais) *résultat, exécuter* (bien ou mal) *une opération*. Il en va de même pour le substantif **performance**.

a poor performance
une mauvaise prestation / des résultats médiocres

POLITICS

Distinguer ce terme : *la politique*, de **policy**, *une politique, une ligne de conduite*.

PREJUDICE

○ ce mot est un faux ami qui ne signifie pas *préjudice* (**damage, wrong**) mais *préjugé* (synonyme **bias**).

PRESENTLY

En anglais, signifie *bientôt*, *tout à l'heure*, *tantôt* ; en américain, il signifie souvent **at present**, *à présent*, *actuellement**.

PROFESSION

○ mot en principe réservé aux professions libérales.
◇ **occupation** (qui est donc lui-même un faux ami) ou **line**, fréquent dans ses emplois idiomatiques : **what's your line ? This is not my line**, etc.

PROFIT

Ce terme (employé généralement au singulier) correspond au français *bénéfice** plutôt qu'à *profit*.

Pour les traductions des locutions *tirer profit*, *mettre à profit*, se reporter à l'entrée *profiter* dans la partie Vocabulaire français.

PROOF

• Au sens de *preuve*, **proof** est souvent au singulier.

This is proof that the document is a fake.
C'est la preuve / cela prouve que le document est un faux.

• Lorsqu'on a à traduire le pluriel *preuves*, on a intérêt à employer le collectif singulier **evidence***.

• L'anglais **proofs** signifie *des épreuves* (*d'imprimerie*, **printer's proofs**).

TO PROPOSE

• Ce verbe peut être employé comme en français au sens de « faire une proposition, une offre, une invitation ou une suggestion ». Mais dans ce sens, on lui préférera **to suggest** ou **to offer**.

• Il peut également être employé intransitivement, sans complément, au sens de *se proposer de*, *avoir l'intention de*.

• Il signifie enfin *demander en mariage*, *faire sa déclaration*.

He proposed to her.
Il l'a demandée en mariage.

TO PUT UP

Ce verbe connaît deux constructions différentes correspondant à ses deux sens :

to put sbd up	*héberger qqun*
to put up with sbd	*supporter qqun*

He'll put me up for the night. / He'll accommodate me.
Il m'hébergera pour la nuit.
I can't put up with such manners.
Je ne peux supporter / tolérer de telles manières.

TO REMEMBER

Ne pas confondre la construction **to remember sth** (ou **sbd**), *se souvenir de qqch.* (ou *de qqun*), avec **to remind sbd of sth** ou **of doing sth**, *rappeler qqch. à qqun*.

TO REMIND

Distinguer les deux constructions suivantes :

• **to remind sbd of sth / of doing sth**, *rappeler qqch. à qqun* ;

Can you remind me of your name ?
Pouvez-vous me rappeler votre nom ?

• **to remind sbd to do sth**, *rappeler à qqun de faire qqch.* ;

Remind me to call her tonight.
Rappelez-moi de / Faites-moi penser à l'appeler ce soir.
He reminded me that I must call her tonight.
Il m'a rappelé que je devais l'appeler ce soir.

⊖ « to remind sbd sth. »

TO REPORT

☐ **to report to sbd** ne signifie pas *rapporter* ou *se reporter à qqun*, mais *dépendre de*, *être sous les ordres de qqun*.

He reports to the sales manager.
Il dépend du directeur des ventes.

Il a également le sens de *se présenter à* ou de *rendre compte à*.

I must report at the police station at ten.
Je dois me présenter au commissariat à 10 heures.

I'll report to you on their decision.
Je vous rendrai compte / tiendrai au courant de leur décision.

RÉSUMÉ ['rezju:mei]

○ l'anglais a emprunté ce mot au français en lui donnant le sens de *curriculum vitae*. **C.V.** est également employé en anglais.

Le français *résumé* se traduit par **summary**.

Voir *résumer* dans la partie Vocabulaire français.

RICH

Lorsque cet adjectif est substantivé, c'est un collectif singulier qui ne prend jamais d'**s**.

the rich
les riches = ***rich people***

Au pluriel, il a un sens différent.

the riches / riches
les / des richesses = ***wealth***

TO RISE (ROSE, RISEN)

Ce verbe est trop souvent confondu avec d'autres verbes de forme et de sens voisins. Il est intransitif et signifie *se lever* (**the sun was rising on the horizon**), *s'élever* (**grey smoke started to rise in the sky**) et *augmenter* (**prices rise**).

☐ **to raise, raised, raised** est un transitif, exigeant un complément d'objet, qui signifie *lever* (**he raised his glass to his guests**), *soulever* (**to raise a question**), *élever* (une famille, du bétail), *augmenter* (**to raise salaries**).

☐ **to arise, arose, arisen** est un intransitif qui signifie *survenir, se produire, se manifester* : **should the occasion arise**, *si l'occasion se présentait, le cas échéant* ; **to arise from**, *provenir, résulter de*.

SCHOLAR

Ce terme ne peut pas être l'équivalent du français *scolaire*, puisque c'est un <u>substantif</u> : il signifie *un savant, un érudit, un homme de lettres*.

Voir *scolaire* et **scholarly**.

SCHOLARLY

○ cet adjectif n'est pas l'équivalent du français *scolaire* ; il signifie *savant*, *érudit*.

a scholarly man *un savant*
a scholarly book *un livre pour érudits*

SHAME

Ne pas perdre de vue le double sens de ce terme qu'il faut savoir traduire, selon le contexte, soit par *honte*, soit par *dommage**.

What a shame ! It's such a shame ! veulent aussi bien dire *Quelle honte ! Quel dommage ! Comme c'est dommage !*

Dans cette seconde acception, on évitera toute ambiguïté en disant :

What a pity ! It's such a pity !
Quel dommage !

SLIP

○ ce terme n'est pas l'équivalent du français *slip*. Il désigne une *combinaison* (de femme), un *jupon* ; un *lapsus*.

a slip of the tongue *un lapsus (linguae)*

SOLID

○ cet adjectif peut être un faux ami ayant le sens du français *massif*, *compact*, *uni* (couleur), *ininterrompu*.

Voir l'entrée *solide* dans la partie Vocabulaire français.

TO SUCCEED

□ lorsqu'il traduit le français *réussir à faire qqch.*, ce verbe ne peut être suivi que de **in doing sth.**

He finally succeeded in getting in touch with him.
= **He finally managed to get in touch with him.**
Il finit par réussir à le joindre.

TO SUFFER

Distinguer les deux constructions : **to suffer from sth** (*souffrir de qqch.*) et **to suffer sth** (*subir qqch.*).

Le Midi (de la France) a souffert de la chaleur.
Southern France suffered from the drought.

Leurs troupes ont subi de lourdes pertes.
Their troops suffered / sustained heavy losses.

TO SUPPORT

○ ce verbe signifie *soutenir*, *appuyer* et le substantif correspondant a le sens de *soutien*, *appui* (synonymes **to back, backing**).

This policy is supported / backed by the Government.
Cette politique est soutenue par le gouvernement.

Le français *supporter* au sens de *tolérer* se traduit par **to stand, to bear, to put up with sth.**

Je ne peux pas supporter de telles manières.
I can't put up with / stand / bear such manners.
Les dépenses seront supportées par le contribuable.
The expenses will be borne by the taxpayer.

SUITE / SUIT

Ne pas confondre, dans l'orthographe et la prononciation, ces deux termes :

• **suite** [swi:t] désigne un *appartement*, une *suite* dans un hôtel ou un *ensemble* de meubles. Il se prononce comme **sweet**.

The hotel comprises 23 rooms and two suites.
L'hôtel comprend vingt-trois chambres et deux appartements.
in the executive suite
dans les milieux cadres / chez les chefs d'entreprises
This store sells living-room and bedroom suites.
Ce magasin vend des salons et des chambres à coucher.

• **suit** [sju:t], US [su:t] désigne :

1) *un costume, un complet*

a three-piece suit
un (complet) trois-pièces
a pin-striped suit
un complet à rayures (symbole du cadre américain)

2) *un procès* (**a lawsuit**).

SYNDICATE ['sindikət]

Éviter d'employer ce mot dans un contexte syndical.

Voir *syndicat* et *syndiqué*.

TO TAPE [teip]

Ce verbe est parfois confondu avec **to type** à cause de sa similitude avec le français *taper (à la machine)*.

The text was neatly typed (ou ***typewritten***) ***on the page.***
Le texte était clairement dactylographié sur la page.

• **the text is taped on the machine** signifierait *le texte est enregistré sur le dictaphone* (**dictating machine**) ou *scotché sur la machine* (**scotch tape**, *du Scotch*).

• ne pas confondre ce verbe avec **to tap** [tæp] qui a différents sens selon les contextes.

Their telephone line is tapped.
Leur ligne téléphonique est mise sur table d'écoute.

to tap resources
exploiter des ressources

to tap sbd on the shoulder
donner à qqun une tape sur l'épaule

TO TELL

Ce verbe est assez couramment employé dans des contextes où il ne correspond pas au français *dire*.

I can tell a good wine.
Je sais reconnaître un bon vin.

You can't tell her from her sister.
On ne peut la distinguer de sa sœur.

One can tell him by his voice.
On le reconnaît à sa voix.

TO TERMINATE

○ ce verbe ne traduit correctement le français *terminer* que dans des cas relativement rares.

◇ il signifie plutôt *délimiter* (une région, etc.) ou *mettre fin à*, *résilier* (un engagement, un contrat).

Voir *terminer*.

TERRIBLE

Contrairement à son homologue français, cet adjectif a toujours une connotation négative et ne doit pas être confondu avec **terrific**.

Voir *terrible* dans la partie Vocabulaire français.

TIME

Veiller à distinguer les différentes façons d'orthographier et d'employer des locutions telles que **some time, sometime** et **sometimes** :

Can you spare me some time ?
Peux-tu me consacrer un moment ?

I haven't seen him for some time.
Je ne l'ai pas vu depuis un certain temps.

I'll see you sometime next week.
Je te verrai la semaine prochaine.
(à un moment donné mais indéterminé)

I sometimes meet him at the cafeteria.
Je le rencontre parfois à la cafétéria.

TO TREAT

Bien que l'on rencontre **to treat** au sens du français *traiter* (voir l'entrée *traiter* dans la partie Vocabulaire français), il peut être un faux ami avec une construction particulière.

He treated me to a marvelous dinner.
Il m'a offert un dîner somptueux.

○ le substantif correspondant est toujours un faux ami.

The lecture was a real treat.
Cette conférence fut un véritable régal.

UNIQUE [ju:'ni:k]

○ cet adjectif est la plupart du temps un faux ami puisqu'il a toujours le sens fort d'*exceptionnel*, *seul en son genre*. Ainsi **a unique opportunity** peut se traduire par *une occasion unique* ou par *une occasion exceptionnelle*.

Mais la traduction du français *unique* par l'anglais **unique** est très fréquemment impossible comme l'attestent les exemples suivants :

tarif unique	***single rate***
fils unique	***only son***
rue à sens unique	***one-way street***
voie à sens unique	***single-line traffic***

USED TO

Ne pas confondre les deux constructions suivantes :

• **used to**

Twenty years ago / When he was a student / At that time, he used to smoke a pipe.
Il y a vingt ans / Quand il était étudiant / En ce temps-là il fumait la pipe.

☐ **used to** (prononcé avec une consonne sourde [ju:st]) suivi de l'infinitif fait référence à une habitude ou une situation passée, désormais révolue (il ne fume plus la pipe maintenant).

☐ **used to** correspond à l'imparfait français et n'existe pas au présent.

• **to be used to**

He is used to smoking a pipe.
Il a l'habitude de fumer la pipe.

Cette tournure exprime ici une habitude qui se continue ; **to** n'est pas ici la marque de l'infinitif mais une préposition qui doit être suivie de la forme en **-ing** si elle introduit un verbe ; **to be used to** (*être habitué à*) et **to get used to** (*s'habituer à*) peuvent également précéder des noms ou des pronoms.

I am not yet used to this car / to it / to driving it.
Je ne suis pas encore habitué à cette voiture / Je n'y suis pas encore habitué / Je ne suis pas encore habitué à la conduire.
I'll never get used to it / that.
Je ne m'y habituerai jamais.

Voir l'entrée Forme fréquentative dans l'index des thèmes grammaticaux, p. 110.

VEST

○ ce mot ne désigne pas une *veste* mais un *gilet* ou un *maillot de corps*.

a bullet-proof vest
un gilet pare-balles

☐ *une veste*, **a jacket, a coat.**

TO WORK

Ce verbe ne peut être employé transitivement, c'est-à-dire directement suivi d'un complément d'objet. Ainsi, pour traduire *il faut que je travaille mon anglais*, veiller à ne pas dire « I must work my English ».

◇ **I must work on / at my English.**

À l'adjectif *travaillé* (qualifiant par exemple un style, une œuvre, etc.), correspond l'anglais **elaborate** [i'læbərəit], **sophisticated**.

YOUTH

Ce substantif correspond bien sûr au français *jeunesse* (⊖ « youngness » est impossible) mais il a aussi un autre sens.

a youth	*un jeune homme*
youths	*des jeunes (gens)*

Noter le changement de prononciation du **th** entre le singulier et le pluriel : **youth** [ju:θ] ; **youths** [ju:ðz].

YUPPIE

Ne pas prononcer ce mot comme l'exclamation française *youpie*.

◇ ['jʌpi].

À noter que ce terme a été formé à partir des initiales **YUP** représentant à l'origine les mots **Young Urban Professionals*** (≅ jeunes cadres et membres des professions libérales habitant dans les grandes villes américaines) ; **urban** (voir ce terme dans la partie Prononciation) a été ensuite remplacé par **upwardly mobile** (ces personnes sont caractérisées par une mobilité « ascensionnelle »). Les **yuppies** qui ont entre 30 et 40 ans dans les années 80 étaient les **preppies** des années 70 : ils fréquentaient alors les meilleures et les plus chères **prep schools** pour être admis dans les plus grandes universités.

2 VOCABULAIRE - américain

La liste qui suit indique les principales différences lexicales existant entre l'anglais américain et l'anglais britannique. Si certains termes sont typiquement américains, il ne faut pas en conclure que leurs équivalents britanniques ne peuvent pas s'employer ou ne seraient pas compris aux États-Unis. C'est par exemple le cas de **automobile** qui ne remplacerait pas obligatoirement **car**, de **motorway** ou **tramp** qui, à l'inverse, pourraient s'employer aux États-Unis comme en Grande-Bretagne à la place de **freeway** et de **hobo**.

américain	britannique	français
apartment	flat	*appartement*
automobile	car	*voiture*
bar	pub	*bar, café*
cab	taxi	*taxi*
can	tin	*boîte de conserve*
candy	sweets	*bonbons*
(potato) chips	(potato) crisps	*chips*
closet	cupboard	*placard*
collect (call)	reversed charges (call)	*(appel) en PCV*
elevator	lift	*ascenseur*
eraser	rubber	*gomme*
fall	autumn	*automne*
faucet	tap	*robinet*
first floor	ground floor	*rez-de-chaussée*
flashlight	torch	*lampe torche*
freeway	motorway, turnpike	*autoroute*
gas(oline)	petrol	*essence*
hobo	tramp	*clochard*
intersection	crossroads	*carrefour*
long-distance call	trunk call	*appel interurbain*
mean	nasty, vicious	*méchant*
movie	film	*film*
one-way (ticket)	single (ticket)	*aller simple*
pants	trousers	*pantalon*
pavement	road surface	*chaussée*
railroad	railway	*chemin de fer*
sidewalk	pavement	*trottoir*
sneakers	tennis shoes	*tennis (chaussures)*
shorts	underpants	*slip, caleçon*
stingy	mean	*radin*
store	shop	*magasin*
subway	tube	*métro*
truck	lorry	*camion*
vacation	holiday(s)	*vacances*
zipper	zip	*fermeture Eclair*

3 GRAMMAIRE

3 GRAMMAIRE - mode d'emploi

La partie Grammaire de cet ouvrage comporte deux sections.

• La première présente les points grammaticaux qui posent problème. Ces pages visent à alerter le lecteur, à attirer son attention sur des questions « à haut risque » plutôt qu'à proposer des solutions définitives et universelles qu'il est impossible de fournir. Cette première section poursuit donc un but de *prévention*.

• La seconde vise la *correction* des fautes les plus fréquemment enregistrées. La démarche adoptée n'est pas celle de l'a priori général et normatif (« Dites... »), mais plutôt une approche réaliste qui traite les contextes particuliers qui sont autant de sources d'erreurs, de pièges grammaticaux (« Ne dites pas... »).

• C'est pourquoi la deuxième section fait une place très importante aux *thèmes grammaticaux* : 20 séries de 20 phrases, un total de 400 phrases offrant la possibilité de faire — et surtout refaire — ces « parcours » grammaticaux en quelque sorte « minés ». Le lexique y est volontairement limité au vocabulaire de base pour faire porter l'attention uniquement sur les structures.

• Un *corrigé* est proposé sous forme de traductions qui tiennent compte des variantes les plus probables, dès que le français peut donner lieu à plus d'une interprétation.

• Suit un *commentaire*, à chaque fois que cela est nécessaire, fournissant sur les points de grammaire concernés les rappels de règles, explications et compléments d'information qui sont utiles pour mieux comprendre l'usage et *éviter de répéter les fautes* commises lors d'un premier essai de traduction.

• Il convient de noter, pour finir, que les *mêmes* difficultés ont été délibérément introduites dans *plusieurs* thèmes pour au moins deux raisons : elles devaient être perçues et identifiées dans des *contextes différents* ; la méthode « erreur et correction » exige souvent plusieurs essais infructueux pour parvenir à la maîtrise.

• Le sommaire ci-dessous et l'index grammatical des pages 112-113 renvoient respectivement aux deux sections de la partie Grammaire.

☐ Sommaire

• Le sommaire renvoie aux *questions* qui sont traitées dans la « *grammaire préventive* ».

☐ Index grammatical

• L'*index* des pages suivantes renvoie aux *commentaires des phrases de thème* qui illustrent telle ou telle difficulté que l'on peut repérer aussi bien à partir du français que de l'anglais.

(Vous pouvez également utiliser l'*index général* en fin d'ouvrage.)

INDEX DES DIFFICULTÉS ABORDÉES DANS LES THÈMES GRAMMATICAUX

L'ADJECTIF

Règle de base : en anglais l'adjectif est invariable.

LES ADJECTIFS SUBSTANTIVÉS

the poor	*les pauvres*
the rich	*les riches*
the blind	*les aveugles*
the dead	*les morts*
the elderly	*les personnes âgées*
the unemployed / the jobless	*les chômeurs*, etc.

☐ ne jamais rajouter d'**s** à tous ces termes, d'autant que **the riches** signifie *les richesses* et **the blinds**, *les stores*. On ne peut pas les employer tout seuls au singulier :

a blind	*un store*
a blind man	*un aveugle*
a poor man	*un pauvre*, etc.

☐ noter cependant que certains adjectifs substantivés tels **the blacks** (*les Noirs*), **the whites** (*les Blancs*) peuvent s'employer au pluriel avec un **s**, et exceptionnellement tout seuls au singulier : **a black**, **a white**.

LES ADJECTIFS ET NOMS DE NATIONALITÉ

Quatre cas sont à envisager.

1. L'adjectif et le nom se terminent tous deux en **-an** ou en **-i** : le nom prend un **s** au pluriel.

an American / the Americans ; a German / the Germans
a Belgian / the Belgians...
an Israeli / the Israelis *un Israélien / les Israéliens*
a Pakistani / the Pakistanis...

N.B. : **a Greek / the Greeks** suit la même règle.

2. L'adjectif et le nom se terminent tous deux en **-ese** : le nom ne prend pas d'**s** au pluriel.

a Chinese / the Chinese ; a Portuguese / the Portuguese...

N.B. : **a Swiss / the Swiss** suit la même règle.

3. L'adjectif et le nom collectif pluriel se terminent en **-sh** ou **-ch** :

an English book	***the English***
(ou ***Englishmen*** ou ***English people***)	*les Anglais*
an Englishman / an English woman	*un(e) Anglais(e)*
a French book	***the French***
(ou ***Frenchmen*** ou ***French people***)	*les Français*
a Frenchman / a French woman	*un(e) Français(e)*

N.B. : **Irish**, **Dutch**, etc. suivent la même règle.

Rappel : sans article, ces noms désignent la langue du même pays.

4. Il existe une forme différente pour l'adjectif et le nom. Dans ce cas, le nom prend un **s** au pluriel.

a Polish citizen	*un citoyen polonais*
a Pole / the Poles	*un / les Polonais*
a Danish citizen	*un citoyen danois*
a Dane / the Danes	*un / les Danois*

N.B. : **Spanish / Spaniard**, **Swedish / Swede**, **Finnish / Finn** (*Finlandais*), **Turkish / Turk**, etc., suivent la même règle.

☐ sur le plan orthographique, ne pas oublier d'écrire tous les adjectifs de nationalité (contrairement au français) avec une majuscule.

LES ADJECTIFS COMPOSÉS

Ils sont invariables, comme les adjectifs ordinaires, et il faut donc veiller à laisser au singulier les éléments qui les composent et qui porteraient la marque du pluriel s'ils étaient indépendants :

She is twenty years old. *Elle a vingt ans.*

mais ***She is a twenty-year old girl.***
C'est une fille de vingt ans.

a five-mile walk
une promenade de cinq miles

a two-hour lecture
une conférence de deux heures

a ten-million-dollar project
un projet de 10 millions de dollars

N.B. : ces constructions adjectivales tendent à remplacer des tournures telles que **a five miles' walk** ou **a two hours' lecture** dont il faut respecter l'orthographe.

L'ARTICLE DÉFINI

Les nombreuses erreurs sur l'emploi de l'article et sa prononciation — [ðə] devant consonne et [ðiː] devant voyelle — contribuent largement à donner au discours des Français un aspect caricatural.

Une source majeure de confusion tient au fait qu'en français, l'article défini (qu'il est impossible de supprimer) peut conférer indifféremment au substantif soit une portée générale, une valeur universelle, soit un sens particulier, limité, spécifique. Or en anglais, schématiquement, c'est l'absence d'article qui correspond au premier cas de figure et l'emploi de **the** au second. On distinguera un troisième cas où l'on constate l'alternance possible entre emploi et absence d'article.

PAS D'ARTICLE : ∅

1. Quand le nom a une valeur générale :

les droits de l'homme
the rights of ∅ man (ou ***human rights***)
l'histoire de l'homme
the history of ∅ man
(ou ***the history of ∅ mankind*** ou ***∅ man's history***)
Il s'intéresse à l'art / à la musique.
He is interested in ∅ art / ∅ music.
la protection de la nature
the conservation of ∅ nature
Le gouvernement lutte contre le chômage / l'inflation.
The government is fighting ∅ unemployment / ∅ inflation.

Elle aime le jaune.	***She likes ∅ yellow.***
Elle adore les fleurs.	***She loves ∅ flowers.***
Je déteste la bière.	***I hate ∅ beer.***

☐ l'adjonction d'un adjectif ne constitue pas une particularisation suffisante pour entraîner à elle seule l'emploi de **the** :

l'art maya / la musique classique
∅ *Mayan art* / ∅ *classical music*
la bière belge
∅ *Belgian beer*

2. Quand le nom français, précédé de l'article défini au singulier, a une valeur générique (il représente un groupe) et se traduit par un pluriel — à ne pas confondre avec le pluriel de l'article indéfini *des* :

le statut de la femme en Afrique
the status of* ∅ *women in Africa
Le chien est un animal fidèle.
∅ *Dogs are faithful animals.*

3. Avec les titres nobiliaires, les grades ou les fonctions, lorsque ceux-ci sont suivis d'un prénom ou d'un patronyme :

∅ ***Queen Elizabeth***	∅ ***President Reagan***
∅ ***Prince Charles***	∅ ***Doctor Schweitzer***
∅ ***General de Gaulle***	∅ ***Professor Davis***

4. Avec les noms de pays :

∅ ***France***	∅ ***Switzerland***
∅ ***England***	etc.

N.B. : **the United States, the United Kingdom, the Netherlands, the Philippines, the West Indies**, etc., constituent des cas particuliers où sont employés des noms communs ou considérés comme tels : *les Etats-Unis*, *le Royaume-Uni*, *les Pays-Bas*, *les Philippines*, *les Antilles*...

5. Avec les noms d'États :

∅ ***Mississippi***	∅ ***Colorado***
∅ ***Missouri***	etc.

N.B. : ces trois termes employés sans article désignent les États, tandis que précédés de **the** ils désignent les fleuves du même nom : **the Mississippi (river)**, etc.

6. Avec un certain nombre d'expressions plus ou moins figées par l'usage :

Ils vont à l'école / à l'université / à l'église.
They go to* ∅ *school* / *to* ∅ *college* / *to* ∅ *church.

la semaine prochaine	∅ ***next week***
le mois dernier	∅ ***last month***

Il regarde la télévision toute la journée.
He watches ∅ television all ∅ day long.
Il ne travaille pas le dimanche.
He doesn't work on ∅ Sunday / on Sundays.

L'ARTICLE *THE* EST OBLIGATOIRE

1. Quand il y a particularisation explicite, exprimée par une proposition relative (**who** ou **which** pouvant être sous-entendus) ou un complément de nom introduit par **of** : c'est le cas le plus facilement identifiable puisqu'il se manifeste par des éléments tangibles existant dans la phrase :

C'est l'homme que j'ai rencontré hier.
He is the man (whom) I met yesterday.
Je déteste la bière que l'on sert dans ce pub.
I hate the beer (which) they serve in that pub.
Elle adore les fleurs qu'il lui a envoyées.
She loves the flowers (which) he sent her.
Il s'intéresse à l'histoire de l'art.
He is interested in the history of art.
Je n'aime pas le jaune de sa robe.
I don't like the yellow of her dress.

2. Quand il y a particularisation implicite :

• L'interlocuteur sait à quel lieu ou à quel objet on fait référence :

Je vais à la gare / à la campagne / à la mer / au cinéma / au théâtre.
I am going to the station / the country (side) / the sea (side) / the cinema / the theatre / etc.

N.B. : noter l'expression **to listen to the radio** (*écouter la radio*) qui se distingue de **to watch ∅ television** (*regarder la télévision*).

• L'article **the** a lui-même une valeur de *démonstratif* :

I know the man.
Je connais cet homme (celui dont il est question).
at the moment
en ce moment / pour l'instant

3. Avec des substantifs qui renvoient à des entités uniques en leur genre :

the sun	*le soleil*
the earth	*la terre*

4. Avec les adjectifs substantivés :

the blind / the rich / the poor / etc.
les aveugles / les riches / les pauvres / etc.

☐ jamais d'**s** en principe, mais **the reds, the blacks, the whites.**

5. Avec les adjectifs utilisés comme noms de nationalité :

the English / the French / the Germans / etc.
les Anglais / les Français / les Allemands / etc.

N.B. : ☐ sans article, ces termes désignent la langue correspondante :

English / French / German *l'anglais / le français / l'allemand*

6. Avec les noms d'instruments :

She plays the piano / the violin / the flute.
Elle joue du piano / du violon / de la flûte.

☐ **the** se prononce [ðə] devant consonne et [ði:] devant voyelle.

☐ ARTICLE FACULTATIF, au choix du locuteur : la présence ou l'absence de **the** ne fait guère de différence.

On peut à la rigueur considérer que l'emploi de **the** réduit la portée du substantif, qu'il le particularise :

Prices / The prices have increased lately.
Les prix ont augmenté ces derniers temps.
Inflation / The inflation is currently at 3 %.
L'inflation est actuellement à 3 %.
Americans / The Americans are easy-going.
Les Américains sont décontractés.
There is a lot of rock music on French radio / on the French radio.
Il y a énormément de musique rock sur les radios françaises.

Dans de tels contextes, l'emploi ou le non-emploi de **the** ne peut en aucun cas constituer une faute.

☐ ARTICLE TRADUIT PAR UN POSSESSIF

Dans certains contextes (termes désignant les parties du corps), l'article défini ou indéfini français se traduit obligatoirement par un adjectif possessif.

Il marchait les mains dans les poches.
He was walking with his hands in his pockets.

Elle portait un châle sur les épaules.
She was wearing a shawl on her shoulders.
Ils avaient de la fumée dans les yeux.
They had smoke in their eyes.

L'ARTICLE INDÉFINI

1. Il a deux formes au singulier : **a** devant une consonne, **an** devant une voyelle : **a port, an airport**.

N.B. : lorsque le **u** à l'initiale d'un mot se prononce [ə:] ou [ʌ], l'article indéfini est **an**, comme devant toute autre voyelle : **an urban centre, an upturn**. Mais lorsque le **u** correspond à une semi-consonne qui se prononce [ju:], l'article indéfini conserve sa forme **a** : **a unit, a union, a university**.

Par ailleurs les mots orthographiés avec un **h** à l'initiale (à l'exception de **hour**, **honour**, **honest**, **heir** et leurs dérivés) doivent tous être précédés de **a**.

◇ **a hotel**. ⊖ « an hotel ».

On dira par contre **an heir**, *un héritier*, qui se distingue phonétiquement de **a hair**, *un cheveu / un poil*.

2. Il n'a pas de pluriel :

∅ Students were reading ∅ books and ∅ magazines.
Des étudiants étaient en train de lire des livres et des magazines.

3. Il peut être en concurrence avec **one**.

Bien que ***a/an*** puissent avoir une forte valeur numérique (cf. plus bas, § 7), il faut savoir identifier les cas où c'est **one** et non ***a/an*** qui correspond au français *un (seul)*.

One drop is enough.	*Une goutte suffit.*
One more time.	*Encore une fois.*
There is only one way to do it.	*Il n'y a qu'une façon de procéder.*
I need one more dollar.	*J'ai besoin d'un dollar de plus.*

4. Il est obligatoire lorsqu'on indique une profession :

He is an engineer.	*Il est ∅ ingénieur.*
He was hired as an engineer.	*Il a été engagé comme ∅ ingénieur.*

5. Il est obligatoire quand il y a apposition :

Mark Porter, an engineer in electronics...
Mark Porter, Ø ingénieur en électronique...

We stayed in Newquay, a small village in Cornwall.
Nous avons séjourné à Newquay, Ø petit village de Cornouailles.

☐ si l'objet ou la personne qui est en apposition est unique, on emploiera l'article **the**.

Paris, the capital of France. *Paris, Ø capitale de la France.*

Jimmy Carter, the former President of the United States.
Jimmy Carter, Ø ex-président des Etats-Unis.

6. Il est obligatoire avec **without** et **with** quand il détermine des substantifs dénombrables.

She left without an umbrella. *Elle partit sans Ø parapluie.*
room with a view *chambre avec Ø vue*

7. Il introduit une notion de mesure :

once a year *une fois par an/l'an*
twice a month *deux fois par mois*
two hours a day *deux heures par jour*
60 miles an hour *60 miles à l'heure*
50 p. a pound *50 pence la livre*

8. Il accompagne la forme exclamative :

What a pity ! *Quel dommage !*
It was such a success ! *Ce fut un tel succès !*

9. Il accompagne certains quantificateurs :

That was too violent a reaction.
C'était une réaction trop violente.
(☐ « a too violent reaction » est impossible !)

He is too much of a snob to go to this party.
Il est bien trop snob pour aller à cette soirée.

She is something of an artist.
Elle est un peu artiste.

10. Il figure dans des tournures idiomatiques :

Thank you for a most pleasant evening.
Merci pour cette soirée des plus agréables.

LE GENRE

Des fautes de genre sont fréquemment commises sur les pronoms personnels reprenant des substantifs qui, en français, sont masculins ou féminins et qui, en anglais, doivent correspondre à la forme neutre **it**.

□ *elle a remporté une nouvelle victoire en Australie* (il s'agit d'une équipe) ⊖ « she » ◇ **it won a new victory in Australia.**

N.B. : comme on l'a indiqué dans le chapitre sur le nombre, le pronom **they** pourrait être employé à la place de **it**, puisque **team** désigne un groupe pouvant donner lieu à un accord, plutôt logique que grammatical, au pluriel.

□ *Elle a vaincu la Nouvelle-Zélande.*
It has / They have defeated New-Zealand.

De même, il convient d'éviter de faire référence au substantif **group** en employant le pronom **he**. Ce nom ne peut être repris que par **it** ou à la rigueur par **they**.

Il (le groupe) *doit arriver à 17 heures.*
It is / They are / due to arrive at 5 pm.

□ lorsque des noms tels que *la personne* ou *le candidat* renvoient indifféremment aux deux sexes, indépendamment de leur genre grammatical, veiller à ne pas les reprendre par **she**, *elle* et **he**, *il* ; **the person / the individual**, **the candidate** doivent être repris par deux pronoms :

Il sera chargé de...
He or she will be in charge of...

LE NOMBRE

Les fautes les plus fréquentes relevées sur le nombre sont de deux types : elles tiennent au non-respect des formes de pluriels irréguliers ou de singuliers collectifs.

PLURIELS IRRÉGULIERS

• child, **children** ; man, **men** ; woman, **women** ['wimin] ; foot, **feet** ; tooth, **teeth**. Ne pas oublier, dans cette liste, des noms moins courants tels que **mouse**, **mice** ; **louse**, **lice**, *pou(x)* ; **goose**, **geese**, *oie(s)* ; **ox**, **oxen**, *bœuf(s)*.

• Les substantifs d'origine grecque en **-on** font leur pluriel en **-a**. Ceux qui sont terminés en **-sis** font leur pluriel en **-ses** :

criterion (⊖ « criterium »)			**criteria**
phenomenon (⊖ « phenomenum »)			**phenomena**
thesis	**theses**	crisis	**crises** ['kraisi:z]
hypothesis	**hypotheses**		

• Pluriels en **-ves** :

knife	**knives**	calf	**calves**
life	**lives**	loaf	**loaves**
wife	**wives**	leaf	**leaves**
thief	**thieves**	self	**selves**
half	**halves**	shelf	**shelves**

• Pluriels invariables
deer, *daim* et **sheep**, *mouton* ne prennent jamais d'**s**.

☐ **fish** et **fruit** sont le plus souvent invariables et employés comme des collectifs singuliers, lorsqu'ils ont une portée générale. On dit cependant **fishes** et **fruits** quand on fait référence à diverses espèces de poissons ou sortes de fruits.

NOMS QUI SE TERMINENT EN *-S* AU SINGULIER

• **a crossroads**, *un carrefour* ; **a means**, *un moyen* ; **a series**, *une série* ; **a works**, *une usine*.

• Les mots en **-ics** tels que **mathematics**, **physics**, **economics**, **politics**, **athletics**.

• **news** fait partie de cette liste puisqu'il prend toujours un **s** et qu'il s'accorde généralement avec un verbe au singulier :

No news is good news.
Pas de nouvelles, bonnes nouvelles.
News has reached us that...
On apprend que / La nouvelle nous est parvenue que...

⊖ pour traduire le singulier *une nouvelle*, éviter de dire « a news ». ◇ **a piece of news** ou, plus simplement, **news** sans article défini :

C'est une triste nouvelle.
This is sad news / a sad piece of news.

J'ai une nouvelle à vous annoncer.
I have some news for you.

J'apprends la nouvelle. / J'ignorais cela.
This is news to me.

J'étais déjà au courant. / Ce n'est pas une nouvelle.
That's no news.

Quoi de neuf ? / Quelles sont les nouvelles ?
What's the news ?

Les informations à la radio / à la télé.
Radio / TV news.

NOMS EMPLOYÉS SEULEMENT AU PLURIEL

un pantalon	***(a pair of) trousers***
un short	***(a pair of) shorts***
un pyjama	***(a pair of) pyjamas***
un jean	***(a pair of) jeans***
la douane	***the customs***
le moyen âge	***the middle ages***
à la montagne	***in / to the mountains***

LES COLLECTIFS

• Contrairement à l'usage français, les noms au singulier désignant des groupes s'accordent souvent avec un verbe au pluriel.

The police are / is investigating.
La police enquête.

The government have / has announced new measures.
Le gouvernement a annoncé de nouvelles mesures.

The team are / is engaged in a large-scale research project.
L'équipe s'occupe d'un projet de recherche de grande envergure.

• Les pronoms indéfinis **somebody**, **everybody**, **nobody** et **anybody** sont suivis d'un verbe au singulier. Cependant, en particulier dans la langue familière, ils sont souvent repris par des pronoms personnels et suivis d'adjectifs possessifs au pluriel.

Everybody has gone out to stretch their legs, haven't they ?
Tout le monde est sorti se dégourdir les jambes, n'est-ce pas ?

• Des pluriels français sont traduits par des singuliers collectifs, des indénombrables, qui ne prennent jamais d'**s**. Parmi les plus courants :

advice	*conseils*
information	*renseignements*
furniture	*meubles*
luggage (US ***baggage***)	*bagages*
progress	*progrès*
knowledge	*connaissances*
hair	*cheveux*

☐ **a hair**, **hairs**, *un poil*, *des poils*.

Pour employer ces noms au singulier, on dira par exemple : **some advice** ou **a piece of advice**, *un conseil*.

You've made striking progress.
Vous avez fait des progrès étonnants.

My luggage isn't ready yet.
Mes bagages ne sont pas encore prêts.

L'ORDRE DES MOTS

PLACE DE L'ADVERBE

On évitera un grand nombre d'erreurs en veillant à ne pas intercaler (comme c'est souvent le cas en français) l'adverbe entre le verbe et le complément d'objet.

J'aime beaucoup ce restaurant.
◇ ***I like this restaurant very much.***
⊖ « I like very much this restaurant. »

Il parle (très) bien espagnol.
⊖ « He speaks (very) well Spanish. »
◇ ***He speaks Spanish (very) well***, ou, si l'on emploie un adjectif, ***He speaks (very) good Spanish.***

Elle fume toujours des Marlboro.
◇ ***She always smokes Marlboros.***
⊖ « She smokes always Marlboros. »

Il me demande souvent de tes nouvelles.
◇ ***He often asks me about you.***
⊖ « He asks me often about you. »

Ils ne nous écrivent jamais.
◇ ***They never write to us.***
⊖ « They write to us never. »

Je lui téléphone rarement.
◇ ***I rarely / seldom phone him.***
⊖ « I phone him rarely / seldom. »

• L'adverbe se place donc soit après le complément (**very much**, **very well**) soit devant le verbe, lorsque ce dernier a une forme simple. C'est le cas des adverbes « de fréquence » (**always**, **generally**, **usually**, **often**, **sometimes**, **rarely**, **seldom**, **never**, **hardly ever**, *presque jamais*) ainsi que des adverbes « d'appréciation » :

I nearly / almost broke the mirror.
J'ai failli briser (presque brisé) le miroir.

I rather like this picture.
J'aime assez ce tableau.

I hardly understand him.
C'est à peine si je le comprends.

I quite agree with you.
Je suis tout à fait d'accord avec vous.

Cette règle s'applique également à **really**, **even**, **only**, **just**, **last** (*pour la dernière fois*) et **also**.

☐ on rencontre souvent des phrases fautives telles que « also, he is very rich », *il faut dire aussi qu'il est très riche*, ◇ **moreover / besides** (*en outre, de plus, par ailleurs*) qui peuvent figurer en début de phrase.

He also is very rich. *Lui aussi est très riche.*
He is also very rich. *Il est également très riche.*
He is very rich, too (**too** se place en général en fin de phrase).

• Lorsque le verbe est formé de plus d'un mot, l'adverbe se place en général *après* le premier auxiliaire :

He has really done his best.
Il a vraiment fait de son mieux.

They have probably been informed.
Ils ont probablement été informés.

She is certainly waiting outside.
Elle est sûrement en train d'attendre à l'extérieur.

☐ avec **to be**, l'adverbe se place après le verbe :

He is often / always late.
Il est souvent / toujours en retard.

You are rarely / never at home before 8.
Tu es rarement / Tu n'es jamais chez toi avant 8 heures.

• À la forme interrogative, l'adverbe se place après le sujet et, à la forme négative, après la négation.

Do you really like this picture ?
I don't quite agree with you.

• Quand plusieurs adverbes ou expressions adverbiales sont employés dans une même phrase, l'anglais a tendance à préférer l'ordre suivant : manière + lieu + temps.

***We've been driving very slowly* (1) *in the countryside* (2) *in the afternoon* (3).**
Nous avons roulé très lentement dans la campagne, l'après-midi.
***He will arrive by plane* (1) *at Heathrow* (2) *tomorrow* (3).**
Il arrivera demain à Heathrow par avion.

Dans ces deux phrases, on aurait pu avoir un ordre différent : 3 + 1 + 2.

Certains adverbes de temps constituent des exceptions puisqu'ils se placent non pas devant le verbe mais en fin de phrase : **early**, **late**, **lately**. Se placent également en fin de phrase, ou encore tout au début, les adverbes ou locutions adverbiales suivants : **yesterday**, **tomorrow**, **today**, **later on**, **last week**, **next month**, **this evening**, **ago**, etc.

enough se place obligatoirement après l'adjectif ou l'adverbe qu'il détermine :

This is difficult enough.	*C'est assez difficile.*
curiously enough	*de façon assez curieuse*

perhaps et **maybe** n'entraînent pas l'inversion du sujet :

Perhaps / Maybe they are already there.
Peut-être sont-ils déjà là-bas.

En revanche, **never**, **not only** et **hardly** entraînent l'inversion du sujet lorsqu'ils sont placés en début de phrase.

Never was a child so happy.
Jamais enfant n'a été si heureux.
Not only was he late but...
Non seulement il était en retard mais...
Hardly had he arrived when...
À peine était-il arrivé que...

L'INVERSION DU SUJET

De nombreuses fautes sont dues à la reproduction de l'ordre des mots du français dans la phrase anglaise. En anglais, l'inversion du sujet caractérise la forme interrogative et elle ne doit pas s'employer dans certains contextes affirmatifs où elle est d'usage courant en français. Il faut donc veiller à respecter l'ordre normal sujet + verbe :

• dans les subordonnées introduites par **what**, **how**, **when**, **what time**, **where**, etc.

C'est ce que disent les journaux.
This is what newspapers say.

Je ne comprends pas ce que signifie cette expression.
I don't understand what this phrase means.

Les observateurs se demandent comment peut réagir le gouvernement.
Observers wonder how the government may react.

Je ne sais pas quand / à quelle heure arrive son avion.
I don't know when / at what time his plane arrives.

À l'endroit même où se dressait l'église.
At the very place where the church stood.

• dans les subordonnées relatives.

Les réformes que réclament les syndicats.
The reforms which the unions claim.

• dans les phrases exclamatives.

Quel grand appartement ont vos amis !
What a big flat your friends have !

N.B. : sur les différences dans l'ordre des mots entre l'anglais et le français, se reporter à **neither** (I 20), *trop* (T2), *faire* + infinitif (A11) dans les thèmes grammaticaux et à **first**, **last**, **next** dans le chapitre Quantificateurs (p. 134).

LES PRÉPOSITIONS

Les erreurs fréquemment relevées dans l'emploi des prépositions justifieraient certes un long chapitre mais quelques pages devraient suffire à corriger les fautes le plus souvent commises. Il convient avant tout d'éviter les calques du français sur l'anglais et il est toujours plus prudent, d'un point de vue pratique, de supposer qu'il n'existe pas a priori de correspondance systématique entre les deux langues. On aura toujours intérêt à réfléchir sur la « véritable » valeur des prépositions françaises pour trouver l'équivalent adéquat qui est souvent plus précis et plus descriptif en anglais. Par exemple, *boire dans un verre*, **to drink <u>out of</u> a glass** (le buveur ne se trouve pas « à l'intérieur » du verre !) ; *vivre en / aller en Angleterre*, **to live <u>in</u>** mais **to go <u>to</u> England**, etc.

Nous nous limiterons aux prépositions « à haut risque » et, dans la mesure où aucune règle stricte ne régit leur emploi, les fautes les plus fréquentes seront illustrées par des exemples.

Â

- *à mon point de vue*
  ◇ **from my point of view**
  ⊖ « on/in my point of view »
- *à temps* : ☐ cette expression a deux équivalents qui correspondent à ses deux sens : **in time** signifie vraiment *à temps*, c'est-à-dire *sans retard, au moment opportun* ; **on time** signifie *à l'heure*.
- *à la télé / à la radio*
  ◇ **on TV / on the radio**
  ⊖ « at the TV / at the radio »

  ☐ attention à l'emploi de l'article.
- *acheter qqch. à qqun*
  ◇ **to buy sth from sbd**
  ⊖ « to buy sth to sbd / at sbd »

On dira aussi :

I bought it from Paul. *Je l'ai acheté à Paul.*

mais

I bought those at Marks and Spencer's.
Je les ai achetés chez Marks & Spencer's.

Des verbes tels que **to borrow, to take, to steal** se construisent également avec **from** : *emprunter, prendre, voler qqch. à qqun.*

- *estimé à* ◇ **estimated at** ⊖ « estimated to »
- *intéressé à* ◇ **interested in** ⊖ « interested at »
- *participer à* ◇ **to participate in / to take part in**
  ⊖ « to participate to »

• *penser à* ◇ **to think of** ou **to think about**
ϴ « to think at »

☐ DANS

☐ par analogie avec le français *dans l'autobus, dans le train, dans l'avion*, la préposition **in** est très souvent employée à tort : ϴ « in the bus », « in the train », « in the plane ».

◇ **on the bus, on the train, on the plane**.

Ils se sont rencontrés dans l'autobus.
They met on the bus.
Elle était dans le même avion.
She was on the same plane.

☐ DE

• Veiller surtout à éviter les confusions fréquentes entre **of** et **from**, ces deux prépositions pouvant, dans certains cas, se trouver en concurrence. Distinguer aussi **to hear of sbd**, de **to hear from sbd**.

I've heard of him. *J'ai entendu parler de lui.*
I haven't heard from him lately.
Je n'ai pas eu de ses nouvelles, ces derniers temps.
un livre de Sartre ***a book by Sartre***
un tableau de Van Gogh ***a painting by Van Gogh***
a Van Gogh painting

N.B. : ce dernier équivalent est très courant en raison même de la simplicité de sa construction (déterminant + déterminé) ; ☐ il ne faudrait pas déduire des deux exemples ci-dessus que le cas possessif ne doit pas s'employer :

one of Sartre's books
one of Van Gogh's paintings
(☐ ne pas oublier l'apostrophe + **s** dans ces expressions !)
le dernier livre de Saul Bellow ***Saul Bellow's last book***
une sculpture du XIXe siècle ***a nineteenth century sculpture***

On retrouve la construction déterminant + déterminé, indiquée précédemment. Cette dernière remplace avantageusement l'équivalent littéral mais possible : **a sculpture of the nineteenth century**.

un tapis d'Iran ***a Persian rug***

3 GRAMMAIRE préventive

Il est fréquent qu'un adjectif de nationalité corresponde à une tournure française introduite par la préposition *de* et suivie d'un nom de pays.

N.B. : dans de tels contextes, on peut évidemment employer la préposition **from** pour insister sur la provenance, l'origine :

> ***This salmon is from/comes from Norway. / This is Norwegian salmon.***
> *C'est du saumon de Norvège.*

Veiller à bien employer l'équivalent correct de la préposition dans les exemples suivants :

- *couvrir de* ◇ **to cover with** ⊖ « to cover of »
- *différent de* ◇ **different from** ⊖ « different of »
  different than est possible en américain familier.
- *dépendre de* ◇ **to depend on / upon**
  ⊖ « to depend of »
- *vivre de* ◇ **to live on** ⊖ « to live of »
- *loin de* ◇ **far from** ⊖ « far of »
- *près de* ◇ **near**
  ⊖ « near from / near of »

Ce terme peut être soit employé tout seul, soit suivi de **to**, ou encore être remplacé par d'autres équivalents.

> *Il était assis près de moi.*
> ***He was sitting near (to) me. / He was sitting by me.***
> *(tout près)* ***close to me***
> *Près de l'endroit où je me tenais.*
> ***Near to where I was standing.***
> *Nous habitons près de chez eux / près de là.*
> ***We live near (to) them / nearby.***
> *Il est près de midi.* ***It is nearly twelve / close on twelve.***

- *la raison de* ◇ **the reason for** ⊖ « the reason of »

> *Quelle est la raison de son échec ?*
> ***What is the reason for his failure ?***
> *en raison de (son échec)*
> ***because of / due to / as a result of (his failure)***

- *remplir de* ◇ **to fill with** ⊖ « to fill of »
- *satisfait de* ◇ **satisfied with** ⊖ « satisfied of »
  Idem pour *content, heureux, ravi de*, **pleased**, **happy**, **delighted with**.

• *souffrir de* ◇ **to suffer from** ⊖ « to suffer of »

Enfin, la préposition *de* est la cause de fautes très fréquentes dans la traduction des verbes exprimant une variation quantitative.

• *augmenter, diminuer de* ◇ **to increase**, **to decrease by** ⊖ « to increase, to decrease of »

Les prix ont augmenté ≠ baissé de 2 %.
Prices have increased / risen ≠ decreased / dropped / fallen by 2 %.

N.B. : dans ces contextes, la seule préposition que l'on puisse employer est **by** mais on peut également en faire l'ellipse : **prices have dropped 2 %.**

Les dépenses seront réduites de 3 000 dollars.
Spending will be cut by $ 3,000.

Avec les substantifs correspondants, on emploie la préposition **of**, qui peut, elle aussi, être élidée grâce à la construction déterminant + déterminé.

une réduction de 3 000 dollars
a cut of $ 3,000 / a three thousand-dollar cut
(☐ pas d'**s** à dollar)
une baisse de 6%
a drop/fall of 6% / a 6% drop/fall

☐ EN

• Cette préposition n'a pas le même équivalent anglais selon qu'elle exprime une position ou un mouvement.

Je suis allé (j'ai été) en Angleterre l'an dernier.
◇ ***I have been to England last year.***
⊖ « I have been in England last year. »

Je ne suis pas très bon en maths.
◇ ***I am not very good at maths.***
⊖ « I am not very good in maths. »

• *diviser en*, *traduire en*, **to divide into, to translate into**. ⊖ « in ».

• *fait en or*, **made of gold**. ⊖ « in ».

• *en même temps*, ⊖ « in the same time » ; cette locution est à éviter car elle signifie plutôt *à la même époque* et fait en général référence au passé.

◇ **at the same time** est bien l'équivalent de *en même temps, dans le même temps, à la fois, simultanément* ; **both** est souvent employé au sens de *à la fois*.

Ce gadget est en même temps / à la fois pratique et bon marché.
This gadget is both practical and cheap.

☐ *SANS*

Cette préposition n'a pas d'autre équivalent que **without**. Elle ne pose donc aucun problème de traduction mais la faute qui est fréquemment commise résulte de l'omission de l'article indéfini qui est obligatoire après le singulier des substantifs dénombrables.

sans chapeau ◇ ***without a hat*** ⊖ « without hat »

L'article indéfini ne s'emploie pas avec les indénombrables.

Il est sorti sans chapeau et sans argent.
He went out without a hat and without (any) money.

☐ ABSENCE DE PRÉPOSITION EN ANGLAIS

Il importe de noter que, en dehors des cas où l'anglais utilise une préposition différente du français, certains verbes anglais se passent de toute préposition (absence notée ∅). On évitera ainsi des fautes commises très fréquemment en respectant la construction transitive directe de verbes aussi courants que :

to attend ∅ a meeting — *assister à une réunion*
(☐ **to attend to sth**, *s'occuper de qqch.*)
to answer ∅ a question — *répondre à une question*
to ask ∅ sbd — *demander à qqun*
to discuss ∅ a subject — *discuter d'un sujet*
to doubt ∅ sth — *douter de qqch.*
(☐ *se douter de qqch.*, **to suspect sth**)
to enter ∅ a place — *entrer dans un endroit*
to lack ∅ sth — *manquer de qqch.*
to play ∅ the piano — *jouer du piano*
to play ∅ tennis — *jouer au tennis*
to please ∅ sbd — *faire plaisir à qqun*
to remember ∅ sbd/sth — *se rappeler qqun/qqch.*
to resist ∅ sbd/sth — *résister à qqun/qqch.*

PRÉPOSITIONS ET POSTPOSITIONS

• Contrairement aux prépositions, les postpositions peuvent et doivent, dans certains cas, être élidées. Avec des verbes tels que **to look at** ou **to wait for**, la postposition n'apparaît que si un complément est explicitement mentionné. Ainsi, à l'impératif, on dira **look !**, **wait !**, *regarde !*, *attends !* mais **look at that !**, **look at them !**, *regarde ça !*, *regarde-les !* ; **wait for me**, *attends-moi* ; **we had to wait**, *nous avons dû attendre*. Mais **we had to wait for her**, *nous avons dû l'attendre*.

• Certains verbes se construisent avec une postposition, elle-même suivie d'une préposition qui introduit un complément.

What about dropping in on you tomorrow ?
Et si nous passions vous voir demain ?
Most big firms will be cashing in on this new market.
La plupart des grandes entreprises vont exploiter / tirer profit de ce nouveau marché.
Small ones will miss out on such an opportunity.
Les petites vont rater / passer à côté d'une telle occasion.
Government forces are closing in on the rebels.
Les forces gouvernementales sont en train de cerner les rebelles.
The new legislation will zero in on tax dodging.
La fraude (l'évasion) fiscale sera dans la ligne de mire de la nouvelle législation.

LES QUANTIFICATEURS

• Éviter les fautes dans l'emploi de quantificateurs numéraux tels que **dozen**, **hundred**, **thousand**, **million** et **billion**.

☐ ainsi, une expression telle que *deux millions d'étudiants* ne peut se traduire par « two millions of students »

◇ **two million students**.

Se reporter dans la partie Thèmes grammaticaux aux explications fournies à propos de la phrase S20.

• Veiller à respecter la distinction entre dénombrables et indénombrables dans la traduction de quantificateurs tels que *peu*, *un peu*, *beaucoup*, *moins*, etc.

peu de monde	***few people***
peu d'argent	***little money***

un peu de repos	***a little rest***
beaucoup de monde	***many people***
beaucoup d'argent	***much money / a lot of money***
moins de monde	***fewer people***
moins de temps	***less time***, etc.

• Attention aux traductions de *trop* :

Il y a trop de monde.	***There are too many people.***
J'ai trop peu de temps.	***I have too little time.***
Elle a trop peu d'amis.	***She has too few friends.***
Ils sont trop occupés.	***They are too busy.***
Tu parles trop lentement.	***You speak too slowly.***
200 francs, c'est vraiment trop.	***200 francs is really too much.***

• Les expressions telles que *deux* (*trois*, *quatre*, etc.) *fois plus* ne se traduisent en principe pas littéralement mais en disant *deux fois aussi* + adjectif.

Les impôts seront deux fois plus élevés.
Taxes will be twice as high.

Cela coûte le double / deux fois plus cher.
It costs twice as much / it is twice as expensive.

Celui-ci est quatre fois plus grand.
This one is four times as big.

À noter également :

La consommation a été multipliée par trois / par dix.
Consumption has increased threefold / tenfold.

On peut dire littéralement : **Consumption was multiplied by three, by ten.**

• Ne pas oublier d'employer **few** qui est obligatoire dans la traduction d'expressions telles que :

au cours des dernières années / au cours des prochains mois
in the last few years / in the next few months

• **first**, **last**, **next**. ☐ contrairement à leurs équivalents français, ces termes doivent précéder et non suivre le numéral :

the first two chapters
les deux premiers chapitres

the last ten issues of the magazine
les dix derniers numéros du magazine

in the next three weeks
au cours des trois semaines à venir

LES RELATIFS

Les pronoms relatifs posent assez peu de problèmes. Les fautes les plus fréquemment enregistrées résultent de la confusion entre **who** et **which** ainsi que des traductions erronées du français *dont*.

• On ne peut donc que rappeler la distinction à respecter dans l'emploi de **who** et **which** : le premier ne peut avoir pour antécédent que des personnes (et parfois des animaux familiers), le second que des objets ou des animaux.

My friend who lives abroad...
Mon ami qui vit à l'étranger...
The lions which live in Africa...
Les lions qui vivent en Afrique...

• L'emploi des relatifs peut être facilité de deux façons :

1) L'opposition entre **who** et **which** peut, dans certains cas, se trouver neutralisée par l'emploi d'un substitut, **that**, dans les deux cas décrits plus haut : **my friend / the lions that...**

2) Le pronom relatif peut être élidé quand il n'a pas une fonction sujet mais complément.

The friend you met (whom you met) last week.
L'ami que tu as rencontré la semaine dernière.
The friend we are talking about (whom we are talking about, about whom we are talking).
L'ami dont nous parlons...
The dog you are afraid of (which you are afraid of, of which you are afraid).
Le chien dont tu as peur...

• Ainsi, outre **whose** et **of which** auxquels on a tendance à réduire la traduction de *dont*, il faut savoir donner à ce relatif les équivalents qui correspondent au contexte.

• Quant à la distinction entre **whose** et **of which** (le premier ayant théoriquement pour antécédent une personne, le second un objet), elle tend de plus en plus à disparaître dans l'usage moderne et en particulier dans la langue parlée. On a donc tout intérêt à employer **whose** dans tous les cas, **of which** exigeant une construction assez compliquée qui est une source fréquente d'erreurs.

la table dont les pieds... ***the table whose legs...***

☐ si l'on choisit de le traduire par **of which**, veiller à l'ordre des mots qui est obligatoire :

the table the legs of which...

• L'emploi de *dont* dans des contextes où il a une valeur quantitative (indiquant une proportion) donne lieu à de nombreuses fautes.

Ce magazine a une centaine de correspondants dans le monde dont 25 en Europe.
◇ ***The magazine has about 100 correspondents in the world 25 of whom are (based) in Europe.***
⊖ « of which, 25 in Europe. »

N.B. : à propos des équivalents du français *dont*, on se reportera, dans la partie Thèmes grammaticaux, aux phrases J4, B16 et K2 (pp. 177, 148, 181).

LE VERBE

Un bon nombre de fautes commises sur l'emploi des temps proviennent de la non-correspondance entre les temps du présent et du passé en français et en anglais.

Les deux erreurs les plus fréquentes consistent : 1) à traduire systématiquement le passé composé français par le **present perfect** et 2) à employer à tort le présent anglais.

PRÉSENT, PRESENT PERFECT ET PRÉTÉRIT

• *Je l'ai rencontré la semaine dernière.*
◇ **I met him last week.**
⊖ « I have met him last week. »

☐ la similitude formelle entre le passé composé et le present perfect ne doit pas faire illusion. Dans de tels contextes, c'est le <u>prétérit</u> qui s'impose puisque l'action est révolue, classée dans le passé et datée. Le present perfect caractérise un passé imprécisé : **I have met him.** La rencontre (à plus forte raison sa date) a si peu d'importance en elle-même que la meilleure façon de traduire cette phrase consiste à mettre l'accent non pas sur l'action (*je l'ai rencontré*) mais sur son résultat : *je le connais*. Cette nuance peut être indiquée explicitement : **I've already met him, I've met him before.**

• *Je le connais depuis deux ans.*
(*Il y a / Cela fait deux ans que je le connais.*)
◇ **I have known him for two years.**
⊖ « I know him for two years. »

☐ ce qui fait illusion en l'occurrence, c'est le fait que le présent français n'est qu'un « présent apparent », un « faux présent ». L'action a pris sa source dans le passé, deux années se sont écoulées entre son début et le moment présent. Rien ne dit qu'elle est terminée puisque les deux personnes pourront continuer à se fréquenter pendant longtemps. C'est donc bien le present perfect qu'il faut employer.

• *Depuis que je le connais, il a toujours été gentil avec moi.*
◇ **Since I have known him, he has always been nice with me.**
⊖ « Since I know him, ... »

C'est encore le present perfect qui s'impose pour les mêmes raisons et **since I know him** signifie *puisque je le connais...*

☐ à propos du présent, à signaler deux autres erreurs :
— l'oubli de l'**s**, marque de la troisième personne du singulier au présent simple ;
— l'emploi du présent simple au lieu du présent progressif.

• *Il travaille chez lui.* Le présent français peut avoir deux valeurs :
— il peut indiquer un état permanent : il exerce à domicile, auquel cas il se traduit par le présent simple :
◇ **He works at home.**
— il peut indiquer que la personne, en ce moment, est en train de travailler chez elle, auquel cas il correspond au présent progressif :
◇ **He is working at home.**

☐ L'IMPARFAIT

L'imparfait français donne lieu à davantage de fautes dans la mesure où il peut avoir trois valeurs. Il exprime :

1) un état ou une action passée : prétérit simple.

Il travaillait souvent chez lui.
◇ ***He often worked at home.***

2) une action passée décrite dans son déroulement : prétérit progressif.

Il travaillait chez lui quand nous arrivâmes.
◇ ***He was working at home when we arrived.***

3) une action répétée dans le passé ou une habitude désormais révolue : **would** ou **used to**.

Chaque fois qu'il le pouvait, il travaillait chez lui.
◇ ***Every time / Whenever he could, he would work at home.***

Avant de louer un bureau, il travaillait chez lui.
◇ ***Before renting an office, he used to work at home.***

N.B. : se reporter, p. 106, à l'entrée **used to** dans la partie Vocabulaire anglais à propos de la différence entre **I used to** + infinitif et **to be used to** + verbe en **-ing**.

RÉPONSES BRÈVES

En marge du verbe, les formes verbales qu'il convient d'employer dans les réponses brèves sont une source d'erreurs fréquentes. Il faut savoir produire la construction adéquate correspondant au *oui* ou au *non* français. En anglais, il vaut mieux éviter de répondre à une question uniquement par **yes** ou **no**, de façon lapidaire. Ces mots doivent être suivis de la reprise du verbe ou de l'auxiliaire contenu dans la question.

Will you come tomorrow ? — Yes I will (1).
Are you coming tonight ? — Yes I am (2).
Did you see him yesterday ? — No I didn't (3).
Can you call him at ten ? — No I can't (4).

☐ Les mêmes constructions sont de règle pour traduire des expressions telles que *je crois que oui*, *je pense que non*, introduites en anglais par des verbes comme **to think**, **to believe**, **to suppose** ou en américain par **to guess**.

(1) ***I guess I will ≠ I don't think I will.***
(2) ***I think I am ≠ I don't think I am.***
(3) ***I believe I did ≠ I don't believe I did.***
(4) ***I suppose I can ≠ I don't think I can.***

3 GRAMMAIRE préventive

Ces réponses brèves qui varient d'une phrase à l'autre peuvent être remplacées par des tournures telles que **I think**, **believe**, **suppose**, **guess so** ≠ **I don't ... so**. Elles correspondent au français *je le crois* ≠ *je ne (le) pense pas* (**it** est impossible !) et elles ont une construction fixe avec **so** qui évite la reprise de l'auxiliaire.

N.B. : Pour les réponses du type *moi aussi*, *moi non plus*, cf. I 20 dans la partie Thèmes grammaticaux, pp. 175-176.

3 GRAMMAIRE

thèmes grammaticaux commentés et corrigés

Cette partie propose vingt thèmes répertoriés de A à T comprenant chacun vingt phrases numérotées de 1 à 20. Elles sont suivies d'un corrigé et d'un commentaire.

THÈME A

1. Il se peut qu'elles comprennent plus vite que tu ne le crois.
2. Il faudra les faire travailler du matin au soir.
3. Dès que tu auras fini, je te ferai faire le tour de la maison.
4. Il voulait que je lui prête mes chaussures.
5. Elle a dû réussir à prendre son train.
6. Pourquoi ne lui a-t-elle pas téléphoné la semaine dernière ?
7. Plus il gagne d'argent, plus il en dépense.
8. Quelle drôle d'idée ! Je me demande si ça leur plaira !
9. On m'a dit qu'il ne parlait plus à personne.
10. Je préférerais prendre un aller et retour.
11. Nous voudrions faire enregistrer nos bagages.
12. J'ai peur qu'il ne soit fatigué.
13. Partez tout de suite pour ne pas arriver en retard.
14. Ça ne sert à rien de discuter : que ça vous plaise ou non, vous êtes renvoyé.
15. Vous auriez dû venir plus tôt.
16. Aimez-vous la lecture ? — Oui.
17. Elle habitait seule depuis dix ans, depuis la mort de ses parents.
18. Que vous a dit le médecin que vous avez vu hier ?
19. J'ai passé deux ans aux Etats-Unis il y a plusieurs années.
20. Prévenez-moi dès qu'il sera arrivé. J'aimerais lui dire un mot.

CORRIGÉ

1. They may understand more quickly / faster than you think.
2. We'll have to make them work / You'll need to have them work from morning to night.
3. As soon as you have finished / As soon as you are through, I'll show you round the house.
4. He wanted me to lend him my shoes.
5. She must have succeeded in catching / managed to catch her train.
6. Why didn't she phone / call him last week ?
7. The more money he earns, the more he spends.

8. What a funny / strange idea ! I wonder whether they'll like it.
9. I was told that he no longer spoke to anybody.
10. I would rather take / I'd prefer to take a return / (US) round trip ticket.
11. We'd like to have our luggage registered / (US) our baggage checked in.
12. I am afraid he may be tired.
13. Leave at once / Go immediately if you don't want to be late.
14. It's no use arguing : whether you like it or not, you're dismissed.
15. You should have come earlier / sooner.
16. Do you like reading ? — Yes, I do.
17. She had been living alone for ten years, since her parents' death.
18. What did the doctor whom you saw yesterday tell you ?
19. I spent two years in the United States several years ago.
20. Let me know as soon as he has arrived. I'd like to have a word with him.

COMMENTAIRE

1. La tournure impersonnelle *il se peut que* ne doit pas se traduire littéralement : elle est rendue par **may** (hypothèse) précédé du pronom personnel ; *tu ne le crois* n'étant pas une véritable négation n'entraîne pas l'emploi de **not**.

2. Ici aussi, la tournure impersonnelle ne peut être traduite directement et impose en anglais le choix d'un sujet : *il faudra = nous devrons*, *vous devrez*, *je devrai*, etc., selon le contexte ; *faire* + infinitif a deux équivalents possibles selon qu'il y a *contrainte* (**make**) ou *consentement* (**have**) lorsque le complément d'objet est un être animé. Cf. la phrase 11 pour les cas où l'objet est un inanimé.
☐ *il faudra* peut s'interpréter en *nous devrons* (**we'll have to**) ou *vous aurez besoin de* (**you'll need to**).

3. Dans les subordonnées de temps anglaises, on ne peut employer ni futur ni conditionnel (cf. L9 et S3). Au futur français correspond le présent anglais et au futur antérieur le present perfect (cf. cas particulier N9).
☐ *faire faire à qqun le tour de qqch.* se traduit par une expression qui n'utilise pas la construction **to have / make sbd do sth**.

4. Traduction par la proposition infinitive : sujet + verbe + objet + **to** + infinitif.

5. Ici, l'emploi du verbe *devoir* exprime non pas une obligation mais l'hypothèse la plus probable. Dans le cas contraire, une phrase telle que *elle a dû lui prêter de l'argent* se traduirait par **she has had to / she was forced to lend him some money**. Noter qu'en l'occurrence, **must** étant un présent, c'est *prendre* qui se traduit par l'infinitif passé, littéralement *elle doit avoir réussi*.

6. Prétérit obligatoire, l'action étant datée.

7. À la différence du français, l'ordre **the more** + complément d'objet + verbe est obligatoire.

8. Lorsque l'exclamation porte sur l'adjectif, ne pas oublier l'article indéfini au singulier (plur. **what funny ideas**), contrairement à la construction avec **how** : **how funny this idea is !**, *comme cette idée est drôle !*
Après **to wonder**, on peut employer également **if**, en principe moins correct.

9. ☐ c'est le verbe **to tell** qu'il faut employer au passif, précédé du pronom personnel sujet **I** qui traduit le complément d'attribution français *m'*. En revanche, dans des phrases telles que *on dit que je suis riche*, c'est le verbe **to say** qui convient : **I am said to be rich**. Cf. D18.

10. ☐ **had rather** est obligatoirement suivi de l'infinitif sans **to**.

11. Lorsque la locution *faire* + infinitif a un complément d'objet inanimé, on n'a évidemment pas à déterminer s'il y a consentement ou contrainte et à choisir entre **to have** ou **to make sbd do sth**. La construction qui s'impose est **to have** + objet + participe passé : **to**

have sth done (by sbd). Cf. aussi E19. ☐ **luggage** et **baggage** sont des collectifs singuliers.

12. La valeur hypothétique du subjonctif français qui est traduite par le modal **may** pourrait être accentuée par l'emploi de **might**.

13. Cette traduction de la subordonnée est plus simple que des constructions telles que **if you want to avoid / in order to avoid being late**.

14. ☐ **it's no use** est toujours suivi de la forme en **-ing**. Cette expression pourrait être remplacée par **there's no point in (arguing)** ; **fired** serait un synonyme familier de **dismissed**.

15. Comme on l'a noté dans la traduction de *elle a dû* avec **must** (phr. 5), **should** étant invariable, l'anglais emploie l'infinitif passé **have come** au lieu de l'infinitif présent *venir*. La phrase se traduit plus facilement si l'on passe par *vous devriez être venu*. **should** + infinitif présent (sans **to**) exprime le *conseil* (*vous devriez*). Suivi de l'infinitif passé (sans **to**) il exprime le *regret* ou le *reproche* (*vous auriez dû*).

16. Noter l'absence d'article devant le substantif verbal **reading**, ainsi que la reprise de l'auxiliaire dans les réponses brèves, correspondant à *oui/non*. **Did you start reading it ? — No, I didn't. Can you lend it to me ? — Yes, I can.**

17. On emploie le pluperfect et non le present perfect car le verbe de la phrase française est, non pas au présent, mais à l'imparfait : l'action se continue dans le passé ; **for** précède une expression qui correspond schématiquement à un *trait* sur le vecteur du temps (depuis dix ans, trois jours, deux heures, etc.) ; **since** correspond à un *point* sur cette ligne imaginaire (depuis ce jour, depuis Pâques, depuis le 10 avril, etc.).

18. Comme dans la phr. 6, prétérit obligatoire ; **whom**, qui est la forme du pronom relatif objet, peut être élidé (sous-entendu).

19. **ago** ne s'emploie qu'avec le prétérit et indique la durée qui s'est écoulée depuis la *fin* de l'action, au contraire de **for** qui indique la durée écoulée depuis le *début* de l'action.

20. *prévenir* ne se traduit par **to warn** que lorsqu'il y a danger. Dans les emplois les plus fréquents, on peut également employer **to tell** ; *dire un mot à qqun* ne peut pas se traduire littéralement.

THÈME B

1. S'il échouait à son examen, il serait obligé d'abandonner ses études.

2. Quels que soient les arguments que le Président a employés dans son discours, il n'a pas réussi à convaincre la nation.

3. Il est si paresseux qu'il essaie toujours de faire faire son travail par les autres.

4. Est-il déjà arrivé ? Je regrette de l'avoir manqué d'autant que j'avais des choses très importantes à lui dire.

5. Il pourrait bien l'aider puisqu'ils se connaissent depuis si longtemps.

6. Il faudra au moins deux heures pour terminer la lecture de ce livre.

7. Vous feriez mieux d'en parler lors de la prochaine réunion.

8. De moins en moins de jeunes sont attirés par les carrières de l'enseignement.

9. Vous n'auriez pas dû dire ça : ça va les faire changer d'avis.

10. Il a complètement oublié tout ce que je lui ai dit il y a une semaine.

11. Que doit-on donner comme pourboire ?

12. Pourquoi ne pas lui offrir un briquet pour son anniversaire ?

13. Il est bien plus heureux depuis qu'il a pris sa retraite à la campagne.

14. Quel homme ! Il s'occupe si bien de ses enfants après des journées de travail si longues et si pénibles !

15. Avant de partir, il faudra vérifier que toutes les portes sont fermées à clef.

16. L'ami dont je t'ai parlé a finalement réussi à trouver un emploi.
17. — Encore un peu de café ?
— Non, merci, j'en ai bu assez comme ça.
18. — Et toi, Pierre ?
— D'accord, je vais en reprendre puisqu'il en reste.
19. J'aurais pu comprendre plus tôt qu'il valait mieux ne pas l'ennuyer avec ce problème.
20. Je téléphonerai demain au garage pour savoir si mes pneus ont été réparés.

CORRIGÉ

1. If he failed / Should he fail his exam, he would have to / would be forced to give up / abandon his studies.
2. Whatever arguments the President used in his speech / address*, he has failed to convince the nation.
3. He is so lazy that he always tries to have his work done by others / to have other people do his work.
4. Has he already arrived ? / Has he arrived yet ? I am sorry I have missed him, the more so as I had important things to tell him.
5. He might well help him since they have known each other for such a long time.
6. It will take at least two hours to finish reading this book.
7. You would / You'd better talk about it / mention it at the next meeting.
8. Fewer and fewer youths / young people feel attracted by teaching careers.
9. You should not have said that : this will make them change their minds.
10. He has completely forgotten all that / everything I told him a week ago.
11. What tip must one give ? / How much should one tip ?
12. Why not offer him a lighter for his birthday ?
13. He is much happier (ever) since he retired in the country / countryside.

14. What a man ! He looks after his children so well after such long and hard days !
15. Before we go / Before leaving, we shall have to check whether / to make sure that / all doors are locked.
16. The friend I told you about has finally / eventually managed to find a job.
17. — Some / A little / more coffee ?
— No thanks, I have drunk enough as it is.
18. — What about you, Pierre ?
— All right / Okay, I'll take some more, since there is some left.
19. I could / might have realized earlier that I had better not annoy him with that problem.
20. I'll call the garage tomorrow (in order) to know whether my tyres have been repaired / (US) my tires have been fixed.

COMMENTAIRE

1. ☐ **would** n'apparaît que dans la proposition principale ; dans la subordonnée conditionnelle introduite par **if**, c'est le prétérit qui est employé.
2. **whatever** peut s'employer sans substantif : **whatever he says**, *quoi qu'il dise*. La tournure avec **fail** remplace avantageusement la forme négative **« has not succeeded in convincing »**.
3. On pourrait également avoir recours au verbe **to let** : **to let other people do his work**, *laisser les autres faire*.
4. ☐ **yet** en fin de phrase interrogative est l'équivalent du français *déjà*. Ne pas confondre des constructions telles que **yet, he has / hasn't arrived** (*pourtant, il est / n'est pas arrivé*, où **yet** = **however** ou **though**) avec **he hasn't arrived yet**, *il n'est pas encore arrivé*. **the more so** se construit avec **as**.
5. ☐ **since** est ici une conjonction de cause signifiant *puisque* et non une conjonction de temps signifiant *depuis*. Les deux personnes *se* connaissent l'une l'autre (*réciproque* : **each other**) et non elles-mêmes

(*réfléchi* : **themselves**) et leur relation continuera probablement dans le futur, d'où **for** + present perfect.

6. Quand le français *il faut* a un sens temporel, on a le plus souvent recours à une tournure avec **to take** : **it will take (us) two hours,** *il (nous) faudra deux heures,* ou **we will need two hours.**

7. **you had / you'd better** est toujours suivi de l'infinitif sans **to**.

8. ☐ on ne doit pas employer **less** puisque *moins* précède ici une quantité dénombrable. Le double comparatif se construit selon le cas, soit avec **less and less** ou **fewer and fewer**, soit avec **more and more** ou avec le suffixe **-er and -er** suivant un adjectif court. Cf. **career** en Prononciation, p. 249.

9. Cf. A15 sur **should** + infinitif passé. Cf. **changer** dans la partie Vocabulaire français, p. 23.

10. ☐ *(...) ce que je lui ai dit*, **what I told him** ; *tout ce que (...)*, **all that, everything** ou encore **whatever I told him.**

11. L'indéfini *on* se traduit par **one** ou par la voix passive : **what tip / how big a tip must / should be given.**

12. ☐ *pourquoi* + infinitif, **why** + inf. sans **to**.

13. ☐ **to retire**, *prendre sa retraite* ; *la retraite*, **retirement**.

14. En utilisant une autre traduction de *s'occuper*, on pourrait également dire **he takes such good care of his children.**

15. ☐ **to make sure that**, équivalent fréquent de *s'assurer que...*

16. ☐ *dont* n'est pas ici rendu par **whose**, puisqu'on traduit littéralement *l'ami au sujet duquel*, **about whom I told you**. Cf. J4 pour les équivalents de *dont*.

17. **some** est préférable car **any** pourrait s'interpréter comme sollicitant une réponse négative (*voudriez-vous par hasard... ?*).

18. ☐ *et toi ?* ne peut se traduire littéralement par « **and you ?** ». Le partitif *en* est rendu par **some** et le préfixe *re-* par **more**.

19. ☐ ne pas confondre *ennuyer qqun*, **to annoy sbd**, et *s'ennuyer*, **to be / to get bored**.
20. **garage** se prononce ['gəera:dʒ].

THÈME C

1. Il aurait dû donner un plus gros pourboire au garçon de café.
2. Pourquoi les faire attendre davantage ?
3. Nous ferions mieux d'acheter nos billets avant d'y aller.
4. Il s'intéresse vraiment à la politique depuis les dernières élections.
5. Il y a maintenant près d'un mois que la grève a commencé dans cette usine.
6. Ils aiment bien venir en Europe tous les deux ans.
7. Aucun de ceux dont je t'ai parlé n'était présent.
8. J'étais déjà au courant de tout, ce qui l'a beaucoup surpris.
9. Comment se fait-il qu'il y ait un timbre de trop ?
10. Depuis quelque temps, il y a beaucoup moins d'émissions intéressantes à la télévision.
11. J'aimerais mieux rentrer : on dirait qu'il va pleuvoir.
12. Aux Etats-Unis, les jeunes ont la chance de pouvoir conduire à seize ans dans certains Etats.
13. On m'a pourtant dit que c'était un roman qui valait la peine d'être lu.
14. Je veux que tu cesses de lui emprunter de l'argent.
15. Il est possible qu'il ait oublié mais il m'a bien dit qu'il serait là vers 8 heures.
16. Ils s'écrivent pratiquement une fois par semaine, même lorsqu'ils sont tous les deux en vacances.
17. Nous devons les rencontrer dès qu'ils auront fini leurs achats.
18. Ce sont de si bons amis ; je voudrais avoir une voiture pour les voir plus souvent.
19. Est-ce que vous verriez un inconvénient à ce que nous partions plus tôt ?

20. Je ne réussis jamais à me rappeler comment ouvrir cette porte.

CORRIGÉ

1. He should / ought to have given the waiter a bigger tip.
2. Why have them wait any longer ?
3. We'd better buy our tickets before going there.
4. He has been really interested in politics since the last election.
5. The strike in this factory started nearly a month ago, now / has been going on for nearly a month, now.
6. They enjoy coming to Europe every two years / every other year.
7. None of those / None of the people I talked to you about was present.
8. I already knew all about it, which surprised him very much.
9. How is it / (US) How come there is one stamp too many ?
10. There have been much fewer interesting programmes / (US) programs on TV lately / for some time.
11. I'd rather / I'd prefer to / go home : it looks like rain / as if it might rain.
12. In the US, young people are lucky to be allowed to drive at sixteen in some states.
13. Yet / However / Nonetheless, I was told that this novel was worth reading.
14. I want you to stop borrowing money from him.
15. He may have forgotten but he did tell me that he would be here at about 8.
16. They write to each other practically once a week, even when they are both on holiday.
17. We are (supposed) to meet them as soon as they have finished their shopping.
18. They are such good friends ; I wish I had a car to see them / so I might see them more often.

19. Would you mind our leaving / if we left earlier ?
20. I can never manage to remember how to open that door.

COMMENTAIRE

1. **ought to** peut se substituer à **should** sans modifier sensiblement le sens de la phrase. Pour l'expression du *reproche* (*aurait dû*) cf. A15 et I1, pp. 145 et 175. Avec **to give**, on pourrait également adopter l'ordre compl. d'objet + compl. d'attribution introduit par **to** : « **given a bigger tip to the waiter** ».
2. On pourrait dire **why make them wait** pour souligner l'attente qu'on leur *imposerait* (cf. A2).
3. ☐ ne pas confondre avec **we had rather**, *nous aimerions mieux / nous préférerions*.
4. L'emploi du present perfect est obligatoire : cet intérêt continue ; **election** s'emploie le plus souvent au singulier et **last** serait plus probable, bien que **latest** serait plus exact. (Cf. *dernier* dans la partie Vocabulaire français.)
5. ☐ les variantes possibles pour la traduction de cette phrase peuvent être très utiles pour saisir la différence entre **ago** + prétérit et **for** + present perfect. Dans la première traduction, la grève a *commencé* depuis près d'un mois, mais c'est en même temps la durée qui s'est écoulée depuis la *fin* de cette action (le début de la grève est fini), d'où l'emploi de **ago** ou bien d'une construction équivalente qui se rapproche du français *cela fait ... que*, **it is nearly a month now since the strike started**. Dans la deuxième traduction, la grève s'est *poursuivie* depuis un mois et elle peut encore continuer, d'où l'emploi de **for** + present perfect.
6. ☐ **every year** (singulier), *chaque année, tous les ans* ; **every two years** (équivalent de **every other year**), **every ten years**, etc. (toujours pluriel), *tous les deux / tous les dix ans*.
7. Pour cette traduction de *dont*, cf. B16 et surtout J4.

8. Pour d'autres traductions de l'expression *être au courant*, cf. l'entrée *courant*. ☐ **which** (dans ce cas précédé d'une virgule) traduit *ce qui* ou *ce que* et reprend ce qui vient d'être dit, à ne pas confondre avec **what** qui annonce ce que l'on va dire : **what surprised him was that I knew all about it**, *ce qui l'a surpris, c'est que j'étais déjà au courant de tout*.

9. *en trop* se traduit aussi par **to spare**. **Do you have any milk to spare ?**, *Y a-t-il du lait en trop ?* **We arrived at the station with ten minutes to spare**, *Nous sommes arrivés à la gare avec dix minutes d'avance* (en trop sur le temps prévu).

10. L'anglais préfère placer le complément de temps en fin de phrase.

11. **as though** est un synonyme de **as if**. D'autres variantes seraient possibles : **as if it would / could rain** ; **as though it is going to rain**.

12. **to be allowed** est la forme de remplacement de **may**, *pouvoir* au sens d'*être autorisé*. Pour la traduction de l'âge, cf. les entrées *an* et *année*.

13. *on m'a dit* : cf. A9 ; *valoir la peine de* se traduit par **to be worth** + forme en **-ing**. Cf. l'entrée *valoir* dans la partie Vocabulaire français.

14. Proposition infinitive : cf. A4 ; ☐ *emprunter qqch. à qqun*, **to borrow sth from** (provenance) **sbd**.

15. Noter la traduction de *il est possible* par **may** et l'emploi de l'auxiliaire **do** qui correspond à une forme emphatique ou forme d'insistance.

16. Sur la différence réciproque / réfléchi, cf. B5. Pour l'emploi de **both**, cf. cette entrée dans la partie Vocabulaire anglais, p. 86.

17. ☐ ici, *devoir* n'exprime ni une nécessité ni une obligation mais fait plutôt référence à un événement qui doit se produire *en principe*, *sauf imprévu*. Il se traduit par **to be to**. **He is to arrive next week**, *Il doit arriver la semaine prochaine*. On trouve également les variantes **he is due / supposed to arrive** pour ce « futur de convention ».

18. ☐ **so** ne peut s'employer que dans les phrases où l'exclamation ne porte pas sur un substantif. Comparer : **they are so nice !**, *ils sont si gentils !* et **they are such nice people !** Sur le souhait, cf. E7 et F10.

19. Aujourd'hui, dans la langue parlée, la tournure avec **if** + verbe s'emploie plus souvent que la construction avec le substantif verbal précédé de l'adjectif possessif.

20. ☐ ne pas oublier le **to** après **how** dans les traductions de *comment* suivi d'un infinitif.

THÈME D

1. Ils doivent arriver demain, à moins qu'il n'y ait encore une grève des chemins de fer.

2. Je lui avais dit que je devais sortir mais elle a dû téléphoner pendant mon absence.

3. C'est incroyable ! Cet article coûtait exactement deux fois moins cher il y a deux ans.

4. Crois-tu que je devrais faire taper cette lettre ?
— Oui, tu ferais mieux.

5. Rends-moi service, veux-tu ? Poste ce paquet en rentrant chez toi.

6. Voulez-vous que je lui demande s'il peut vous loger pour le week-end ?

7. Pour autant que je sache, le premier étage est inoccupé depuis le 1er octobre.

8. Quel temps horrible nous avons eu ! Il a plu pendant cinq jours de suite.

9. J'ai été terriblement déçu par cette pièce. Ce n'était pas du tout ce que j'attendais.

10. Nous en reparlerons lorsqu'il sera plus grand.

11. Elle nous rejoindra plus tard, n'est-ce pas ?

12. Il ne cesse de l'ennuyer avec ses coups de téléphone.

13. C'est une nouvelle tellement surprenante que j'ai peine à y croire.

14. Ça n'était guère le genre de question à poser à ma belle-mère.

15. Combien de temps te faudra-t-il pour faire l'aller-retour ?
16. Ils se voient tous les quinze jours au café du coin.
17. Il faut que j'aille à l'agence de voyages pour retenir mes billets d'avion.
18. On dit qu'il réussit très bien dans son nouvel emploi.
19. Je passerai te prendre à dix heures et je te déposerai à la gare.
20. Même s'il a raison, ce problème ne le regarde pas.

CORRIGÉ

1. They are to arrive / They are due tomorrow, unless there is another railway (US railroad) strike.
2. I had told her that I had to go out but she must have called when I was out.
3. This is incredible / unbelievable ! This article used to be exactly twice as cheap, two years ago.
4. Do you think that I should / ought to / have this letter typed ? — Yes, you had better.
5. Do me a favour (US favor), will you ? Mail this parcel on your way home.
6. Do you want me to ask him whether he can accommodate you / put you up for the week-end ?
7. As far as I know, the first floor has been unoccupied since October 1st.
8. What awful weather we've had ! / We've had such terrible weather ! It has rained / has been raining for five days in a row.
9. I have been terribly disappointed by this play. It was not at all what I (had) expected.
10. We'll talk about it again when he is older.
11. She will join us later, won't she ?
12. He keeps annoying / bothering him with his phone calls.
13. It is such surprising news that I can hardly believe it.
14. That was hardly the kind of question to ask my mother-in-law.

15. How long will it take you / Will you need to go there and back ?

16. They meet every two weeks / every other week / every fortnight in the pub / coffee-house / café round the corner.

17. I have to go / must go to the travel agency (in order) to book my plane tickets.

18. He is said to be very successful / to be doing very well in his new job.

19. I'll meet you at ten and I'll take you / drive you / give you a lift to the station.

20. Even if / Even though he is right / Although he may be right, this problem is none of his business / does not concern him.

COMMENTAIRE

1. Sur *devoir*, « futur de convention », cf. C17, p. 153.

2. *devais* qui exprime une nécessité ou une obligation est traduit par la forme de remplacement de **must** puisque ce défectif ne peut se conjuguer au prétérit ; *elle a dû* exprime l'hypothèse la plus probable : cf. A5. On aurait pu également dire **when I was not at home** ou **in my office** selon le contexte.

3. □ *coûtait* ne doit pas se traduire par un prétérit car ce temps aurait une valeur trop ponctuelle ; **used to** fait référence à une situation qui s'est prolongée dans le passé ; « **twice cheaper** » n'est théoriquement pas correct, l'emploi d'un comparatif d'égalité (m. à m. *deux fois aussi bon marché*) est préférable : *Ça sera trois fois plus long*, **It will be three times as long.**

5. *veux-tu* ne se traduit pas littéralement : c'est une forme de politesse qui s'appuie sur la modalité **will** et non sur le verbe **to want** ; **while going home** ne convien-drait pas à ce contexte puisqu'il s'appliquerait à une action qui durerait pendant tout le trajet.

6. On n'a pas affaire en l'occurrence à un *si* conditionnel. C'est pourquoi **whether** est plus approprié, bien que **if** pourrait s'employer dans la langue parlée. Ne pas oublier que **accommodate** et **accommodation** s'écrivent avec deux **m**. Cf. ce verbe ainsi que **to put up** dans le Vocabulaire anglais.

7. ☐ l'emploi du présent est impossible. C'est le present perfect qui convient puisque cette situation a pris sa source dans le passé, qu'elle se continue dans le présent et qu'elle peut se prolonger dans l'avenir. Bien que la date se lise **the first of October**, le jour sera écrit en chiffre (numéral ou ordinal) *après* le mois.

8. L'exclamation introduite par **what** est normalement suivie de l'article indéfini : **what a fine day !**, *quelle belle journée !* Mais des termes indénombrables ou abstraits tels que **weather** ou **courage** rendent impossible l'emploi de l'article : **what beautiful weather ! what courage !**
Pour le sens de l'anglais **terrible**, cf. l'entrée *terrible* dans le Vocabulaire français. Sur l'emploi du present perfect, même remarque que pour la phrase précédente.

9. Dans cette phrase, c'est le résultat qui compte bien plus que la date à laquelle cette impression a été provoquée : d'où encore le present perfect.

11. Les équivalents du français *n'est-ce pas* sont des **questions tags** qui se construisent avec un auxiliaire déterminé par la nature et la forme du verbe qui précède (en y accolant la contraction **n't** si le verbe est à la forme affirmative) suivi du pronom personnel correspondant.

12. **to keep** + verbe en **-ing** traduit le français *ne pas cesser / arrêter de faire qqch*.

13. *j'ai peine à ...* pourrait avoir une traduction plus littérale (cf. l'entrée *difficultés* dans le Vocabulaire français). L'expression correspond ici à *c'est à peine si*, d'où **hardly**.

14. **hardly** (sans **not**) traduit également le français *guère*.

15. On pourrait également traduire le début de la phrase par **how much time will you need to ...** (cf. B6). Si le trajet se faisait en voiture, on dirait **to drive there and back**. □ *un aller-retour* (train, avion, bus), **a return (ticket)**, (US) **a round-trip (ticket)**.

16. La traduction par **to meet** (□ sans pronom réfléchi ou réciproque, cf. B5) est la plus idiomatique. On pourrait dire à la rigueur **they see each other**.

18. □ ne pas traduire par **« he is told »** qui signifierait *on lui dit* et non *on dit qu'il*. À propos des verbes intransitifs employés à la voix passive, cf. E17.

19. Le fait que *je passerai te prendre* soit rendu par **I'll meet you** montre bien, comme on l'a vu dans la phrase 16, que l'emploi de **to meet** dépasse largement la traduction de *rencontrer*. Cette expression aurait pu avoir des équivalents tels que **I'll come to your home / office** ; □ *je passerai te voir demain*, **I'll drop by tomorrow**.

THÈME E

1. Votre beau-père n'a-t-il pas vécu en Italie avant la guerre ?

2. Quand leur fille est née, cela faisait douze ans que Paul était mort.

3. Vous auriez dû appeler le médecin beaucoup plus tôt.

4. Lorsque j'étais étudiant, je gagnais ma vie.

5. Vous feriez mieux de voir un avocat avant que les choses n'empirent.

6. Vous pourriez très bien ne pas trouver d'hôtel si vous ne faites pas de réservation tout de suite.

7. J'aimerais bien pouvoir me joindre à vous mais je crains d'être trop occupé jusqu'à mardi.

8. Il y aurait sûrement moins d'accidents le samedi soir si les gens buvaient moins.

9. On l'a vu téléphoner à son ami mais on ne sait pas ce qu'ils se sont dit.

10. Ma voisine que vous avez rencontrée l'an dernier aura soixante-dix ans après-demain.
11. On dirait qu'il aime bien partir en vacances tout seul.
12. Ça ne sert à rien de lui rappeler le nom de la rue. Il l'aura encore oublié avant d'arriver.
13. Je suis vraiment désolé. Je n'ai pas pu m'empêcher d'ouvrir l'enveloppe.
14. Depuis combien de temps êtes-vous ici ? Nous ne sommes pas en retard, n'est-ce pas ?
15. Les prix ont augmenté dès le 1er janvier.
16. Je ne sais pas s'il en restera si mes amis viennent aussi.
17. On peut vous demander vos passeports à n'importe quel moment.
18. Voulez-vous que je vous téléphone dès que nous arriverons ?
19. Je lui ferai nettoyer son costume pour dimanche prochain.
20. Pourquoi ne pas les inviter la semaine prochaine quand toute la famille sera là ?

CORRIGÉ

1. Didn't your father-in-law live in Italy before the war ?
2. When their daughter was born, Paul had been dead for twelve years.
3. You should have called the doctor much earlier / sooner.
4. When I was a student, I used to earn my living.
5. You'd better see a lawyer before things get worse.
6. You might well not find any hotel if you do not make a reservation right now / right away.
7. I wish I could join you but I'm afraid I'll be too busy until Tuesday.
8. There would certainly be fewer accidents on Saturday nights if people drank less (heavily).
9. He was seen phoning his friend but we don't know what they said to each other.
10. My neighbour (US neighbor) whom you met last year will be seventy (years old) the day after tomorrow.

11. It / He looks as if he likes to go / He seems to enjoy going on holiday by himself.

12. It is no use reminding / There is no point in reminding him of the name of the street. He will have forgotten it before arriving.

13. I am really sorry. I couldn't help opening the envelope.

14. How long have you been here ? We are not late, are we ?

15. Prices were increased / raised as early as January 1st.

16. I don't know whether there will be any left if my friends come too.

17. You may be asked for your passports at any time / moment.

18. Do you want me to call you as soon as we arrive ?

19. I'll have his suit cleaned for next Sunday.

20. Why not invite them next week when all the family is here ?

COMMENTAIRE

1. À la forme interro-négative, c'est la forme contractée qui est le plus fréquemment employée, bien qu'il soit possible de mettre en valeur la négation en la plaçant après le sujet : **did your father-in-law not live... ?** On pourrait également employer la forme fréquentative (cf. phr. 4) : **didn't your father-in-law use to live... ?**

2. ☐ veiller à ne pas calquer sur le français la traduction de phrases telles que : *il est mort depuis douze ans*, **he has been dead for 12 years** ou **he died 12 years ago** (m. à m. *il mourut il y a douze ans*) ; *il est mort en 1987*, **he died in 1987**. Dans les deux cas, « he is dead » est absolument impossible. Dans cette phrase de thème, le prétérit est employé au lieu du present perfect, car la référence n'est pas au moment présent mais à une naissance qui a eu lieu dans le passé.

4. Ici **used to** + verbe traduit l'imparfait français puisqu'il décrit un état qui s'est prolongé dans le passé ; ☐ ne pas confondre cette tournure avec **used to** + forme en **-ing** : **he is used to coming on Sundays**, *il a l'habitude de venir le dimanche*. Dans ce cas, le substantif verbal peut se remplacer par un pronom ou un substantif : **he is used to it / that / such visits. He used to come on Sundays**, *il venait le dimanche* (autrefois mais plus maintenant) ; **he would come on Sundays** aurait la même traduction en français mais mettrait l'accent sur le caractère fréquentatif, répété des visites.

7. ☐ en employant le verbe **to like**, on pourrait également dire **I would like to be able to join you** mais la tournure à retenir pour exprimer le souhait est la suivante : **I wish** + verbe au prétérit. *Je voudrais / j'aimerais qu'il vienne immédiatement*, **I wish he came immediately** ; *j'aimerais être en Espagne en ce moment*, **I wish I was** (ou **I were** qui souligne le caractère hypothétique, irréel du souhait) **in Spain now**.

8. ☐ avec un substantif dénombrable (directement quantifiable), *moins de* se traduit par **fewer** et par **less** avec un substantif indénombrable. Cf. également B8.

9. Si l'on veut simplement indiquer qu'il a bien téléphoné, sans insister sur le fait qu'on l'a vu alors qu'il était *en train* de le faire, on dira **he was seen to phone**. Le deuxième *on* pourrait se traduire aussi par **one (does not know)** ou par la voix passive **but what they said... is not known**.

10. **whom**, forme du pronom relatif objet, pourrait être remplacé par **who** ou tout simplement élidé (sous-entendu). À propos de l'expression de l'âge, cf. *an* et *année*.

11. L'équivalent du français *on dirait* peut être soit le pronom personnel neutre **it**, soit le pronom personnel masculin **he** ou encore une tournure avec **to seem** qui n'admet que **he** (= *il semble aimer*). Cf. les multiples traductions de *avoir l'air* dans le Vocabulaire français.

12. ☐ cf. les traductions de *rappeler / se rappeler*. En anglais, le futur antérieur se construit comme en français : **shall** ou **will** + **have** + participe passé.

13. *je ne peux m'empêcher de* se traduit toujours selon ce modèle : **I can't help** + verbe en **-ing** ; ☐ **envelope** ne s'orthographie qu'avec un **p** en anglais.

14. ☐ noter qu'en l'occurrence *depuis* n'est traduit ni par **for**, ni par **since**. Ces termes pourraient apparaître dans la réponse : **I've been here / I've been waiting for an hour / since two o'clock** ou encore **I arrived an hour ago**, *je suis ici / j'attends depuis une heure (soixante minutes) / depuis 14 heures* ou *il y a une heure que je suis arrivé*.

15. ☐ **as soon as** est une conjonction qui ne peut s'employer que devant un verbe. Devant un nom (**Tuesday, Christmas**) ou une date (**April 10th**), *dès* se traduit par **as early as**.

16. *si* a deux équivalents anglais : **whether** introduit une interrogative indirecte ; **if** exprime une hypothèse ou une condition. Cf. J2.

17. ☐ contrairement au français, même les verbes intransitifs peuvent s'employer à la voix passive. C'est le complément d'attribution ou le complément d'objet indirect du français qui devient le sujet de la phrase anglaise : **I was given my passport**, *on m'a donné mon passeport* ; **we were asked to come**, *on nous a demandé de venir*. ☐ dans cette phrase, ne pas oublier la préposition **for** qui est indispensable puisque « your passports may be asked » aurait le sens improbable de *vos passeports pourraient être interrogés* ! Cf. *demander*. À signaler également la traduction **you may have to produce / show your passports**.

19. ☐ la locution *faire* + infinitif est ici plutôt ambiguë puisqu'elle ne permet pas de savoir si le nettoyage sera effectué par le propriétaire du costume ou par une tierce personne. La traduction proposée s'appuie sur la deuxième hypothèse. Dans le premier cas de figure, on dira **I'll have him** (consentement) / **I'll make him** (contrainte) **clean his suit**. Cf. A2, A11.

THÈME F

1. Il est vraiment très tard. Tu devrais être au lit depuis plus d'une heure.
2. La semaine dernière, il m'a promis qu'il m'écrirait jeudi.
3. Ne faudra-t-il pas leur téléphoner avant d'y aller ?
4. Ils se battent tout le temps et pourtant ils s'adorent.
5. Pourquoi en parler plus longtemps ? Cela ne sert à rien d'essayer.
6. Il a obtenu son permis de conduire depuis plus d'un an et il n'a jamais eu d'accident.
7. Dès qu'elle aura terminé, nous saurons si c'est elle qui avait raison.
8. Je crois qu'ils habitaient une petite maison qui était située là où se dresse maintenant ce grand immeuble.
9. Pourquoi ne lui a-t-elle pas demandé quel était son âge ?
10. J'aurais bien voulu être là lorsqu'il a ouvert la boîte.
11. Je préférerais y aller tout de suite. Sinon, ils pourraient bien arriver avant nous.
12. Elle m'a appris à taper à la machine en trois semaines.
13. Vous n'avez pas à vous en faire : je lui ai rappelé que Paul devait venir à 7 heures.
14. Peu importe ! Qu'il ait tort ou raison, il n'y a plus rien à faire.
15. J'aurais pu voyager deux fois plus si j'avais eu beaucoup plus d'argent.
16. Je me demande pourquoi il y a de moins en moins de monde l'été sur cette plage.
17. Il prétend ignorer qui était Truman.
18. Je ne peux m'empêcher de penser à lui depuis que je sais qu'il est si malade.
19. Elle leur a raconté tout ce qui s'était passé, ce qui était la meilleure chose à faire.
20. Ils n'auraient pas dû partir sans argent, n'est-ce pas ?

CORRIGÉ

1. It is really very late. You should have been in bed for more than an hour.
2. Last week, he promised (me) that he would write (to) me on Thursday.
3. Shan't / Won't we have to call them before going ?
4. They fight / quarrel all the time and yet they love each other / but they love each other, though.
5. Why talk about it any longer ? It's no use trying / There's no point in trying.
6. He passed his driving licence more than a year ago / It is more than a year since he passed his driving licence and he has never had any accident (ever since / since then).
7. As soon as she has finished / she is over, we'll know whether *she* was right.
8. I think that they used to live in a small house which was located where this tall building now stands.
9. Why didn't she ask him how old he was ?
10. I wish I had been there when he opened the box.
11. I had rather go there at once / right now. Otherwise, they might well arrive before us / before we do.
12. She taught me how to type in three weeks ('time).
13. You don't need to / You need not worry : I reminded him that Paul was to come at seven.
14. No matter ! / It does not matter ! Whether he is right or wrong, there's no longer anything to do (about it) / nothing can be done about it any longer.
15. I could / might have travelled (US traveled) twice as much if I had had much more money.
16. I wonder why there are fewer and fewer people on this beach in summer.
17. He claims he doesn't know who Truman was.
18. I can't help thinking of him since I have known he is so ill.
19. She told them all that had happened / occurred — which was the best thing to do.
20. They shouldn't have left without any money, should they ?

COMMENTAIRE

1. L'emploi du present perfect est obligatoire avec **for**, si bien que la traduction dit littéralement *tu aurais dû être au lit*. À comparer avec un vrai présent : **You should be in bed now**, *tu devrais être / il faudrait que tu sois au lit maintenant*.

2. On peut sous-entendre **to** après des verbes tels que **to write**, **to send**, **to give**, etc.

3. Au futur, **will** remplace souvent **shall** à la première personne du singulier et du pluriel, surtout dans la langue parlée.

4. ☐ de nombreux verbes qui sont pronominaux (réfléchis ou réciproques) en français ne le sont pas en anglais. Certains verbes peuvent avoir à la fois un sens pronominal ou non pronominal : **to fight**, *se battre* (réciproque comme dans cette phrase) ou prononimal dans un contexte comme **they fight poverty**, *ils se battent / luttent contre la pauvreté* ; **to hide**, *cacher* ou *se cacher* ; **to meet**, *rencontrer* ou *se rencontrer*.

6. Pour la traduction du français *passer (un examen)*, cf. cette entrée dans la partie Vocabulaire français ; **ever since**, **since then** traduiraient *depuis lors*, *depuis ce moment-là*.

8. Sur la forme fréquentative, cf. E1 et E4, p. 158.

9. Le present perfect **hasn't she asked** serait grammaticalement correct mais il est fréquemment remplacé dans ce genre de phrases par le prétérit qui se justifie par la référence à une date implicite. Cf. dans le Vocabulaire les traductions de *demander* et l'expression de l'âge en consultant les entrées *an* et *année*.

10. Pour l'expression d'un souhait ou d'une demande, cf. E7 et J13, pp. 161 et 179.

12. Cf. *apprendre* dans le Vocabulaire français.

13. **to need** et **to dare** (*oser*) sont des semi-défectifs pouvant s'employer comme des verbes ordinaires ou comme des verbes défectifs, c'est-à-dire, en l'occurrence, avec ou sans l'auxiliaire de négation **do** et suivis ou non de **to**.

15. **could** met l'accent sur la capacité, **might** sur l'éventualité. Le comparatif de supériorité *deux fois plus* se traduit par un comparatif d'égalité : cf. D3.
16. Cf. *demander* ; **few(er)** s'applique à une quantité dénombrable, **less** à une quantité indénombrable.
17. Cf. *prétendre* et *ignorer* qui sont des faux amis. ☐ veiller à ne pas faire l'inversion du sujet (**who was Truman**) puisqu'on est ici au style indirect.
18. ☐ l'emploi du present perfect est plus que jamais obligatoire car **since I know** signifierait *puisque* (et non *depuis que*) *je sais*.
19. ⊖ « all what » est impossible : on est obligé de dire **all that**. Pour la distinction entre **which** (*ce qui, ce que*) et **what**, cf. C8, p. 153.
20. Pour les équivalents de *n'est-ce pas*, cf. commentaire D11 et phrase E14, pp. 157 et 160.

THÈME G

1. Actuellement, de moins en moins de jeunes entreprennent de longues études, ce qui n'améliorera pas leur avenir.
2. Tout ce qui a été fait pour lutter contre le chômage n'a pas eu jusqu'ici des résultats très positifs.
3. Quel que soit le résultat, il faut essayer de résoudre ce grave problème.
4. Tous les renseignements que nous leur avons demandés ne nous ont pas encore été fournis.
5. Il est beaucoup trop tôt pour savoir s'ils avaient tort ou raison.
6. Comment as-tu dit qu'il s'appelait ?
7. Ce sont les vêtements de qui ? — Sûrement les leurs.
8. Je viens de le rencontrer et il ne m'en a pas parlé.
9. De toute façon, moins on en parle, mieux ça vaut.
10. Il ne me reste que 30 F et j'ai encore pas mal de choses à acheter.
11. A qui croyez-vous qu'il aurait pu le prêter ?
12. Vous feriez mieux d'oublier cette lettre et de lui téléphoner tout de suite.

13. Ça ne sert à rien de l'attendre. Il rentre toujours très tard chez lui.
14. Vous n'avez pas à vous faire de souci. Il s'en souviendra toujours assez tôt.
15. C'est ce que vous ne cessez de me dire mais je veux qu'il se rende compte de ce qu'il est en train de faire.
16. Tu aurais dû essayer d'agir autrement.
17. Mais cela fait des années que j'essaye !
18. Je lui ferai admettre qu'il est temps qu'il change d'attitude.
19. Il faudra qu'elle s'y mette aussitôt qu'elle arrivera.
20. Ils ne se voient plus si souvent depuis que Paul a déménagé.

CORRIGÉ

1. Currently / At present, fewer and fewer young people start long studies, which will not make their future any better / which will not improve their future.
2. All that has been done (in order) to fight unemployment has not had / brought about very positive results.
3. Whatever the result (may be), we / you / they must try to solve such a / this serious problem.
4. We have not yet been provided with all the information we asked for / we asked from them.
5. It is much too early to know whether they were right or wrong.
6. What did you say his name was ?
7. Whose clothes are these ? — Certainly theirs.
8. I have just met him and he hasn't told me / talked to me about it.
9. Anyway, the less said about it / the less one talks about it, the better.
10. I have only 30 francs left and I still have quite a few things to buy.
11. Who(m) do you think he might have lent it to ?
12. You'd / you had better forget this letter and call / phone / ring him at once.

13. It's no use waiting for him. He always gets / comes back home very late.
14. You don't have to / You need not worry. He will remember it soon enough anyhow / anyway.
15. This is what you keep telling me but I want him to realize what he is doing.
16. You should have tried to act otherwise.
17. But I've been trying for years !
18. I'll have / make him admit that it is time he changed his attitude.
19. She will have to start as soon as she arrives.
20. They don't see each other so often / They haven't met so often since Paul moved.

COMMENTAIRE

1. Cf. *actuellement* dans la partie Vocabulaire français. Sur le double comparatif, cf. B8 et F16. Pour la traduction de *ce qui / ce que* par **which**, cf. C8.
2. ☐ « all what » est impossible ; *tout ce qui / tout ce que* doit se traduire par **all that**, **everything** ou **whatever** (cf. B10). Au sujet des verbes pronominaux tels que *se battre*, cf. F4.
3. La tournure impersonnelle *il faut* impose le choix d'un pronom personnel correspondant au contexte. S'il fallait simplement traduire *il faut résoudre...*, la voix passive (**such a serious problem must be solved**) aurait très bien convenu. Mais en l'occurrence, la présence du verbe *essayer* conduirait à une traduction assez lourde : **It must be tried to solve...**
4. ☐ **information** est un collectif singulier qui ne prend jamais d'**s**. Cf. *renseignement*. Cette tournure passive s'appuie sur un verbe *doublement transitif* qui transforme en sujet le complément d'attribution *nous*. Cette construction est possible avec d'autres verbes tels que **to give**, **to offer**, **to ask**, **to tell**, **to show** ou **to refuse** (**I was shown / refused sth,** *on m'a montré / refusé qqch.*). On aurait pu également rester plus

proche de la construction française en disant : **All the information we asked for / we asked from them has not been provided / supplied to us yet.**

6. ☐ il faut absolument éviter de calquer la traduction sur la phrase française (« How… ? » est impossible). À ce propos, cf. *appeler*, p. 16.

7. Aux pronoms possessifs *le mien*, *le tien*, etc., correspondent **mine**, **yours**, **his/hers**, **its own** (**its** tout seul est impossible), **ours**, **yours**, **theirs**.

8. Au *passé récent*, *venir de* + inf., correspond le present perfect complété par **just** qui s'intercale entre l'auxiliaire **have** et le participe passé : **I have just met him.** Cf. l'entrée *parler* ainsi que les deux traductions de la phrase 9.

9. Si l'on sous-entend qu'il est préférable d'en parler *le moins possible*, on emploiera le superlatif **the least said about it, the better** ou **it is best to say the least about it.**

10. L'équivalent de *il (me) reste qqch.* utilise toujours un pronom personnel sujet : **you have, he has, they have sth left**, *il te / lui / leur reste qqch.* ☐ **he's got few friends**, *il a peu d'amis* ; **(…) a few / some friends,** *quelques amis* ; **(…) quite a few friends**, *pas mal d'amis*.

11. Le rejet de la préposition est fréquent et il rend la phrase plus idiomatique. On peut néanmoins dire : **to whom do you think he might have lent it ?**

14. Dans la traduction par **need**, on a opté pour la construction de type défectif. On pourrait également dire : **you don't need to worry**. Cf. F13 sur les semi-défectifs. ☐ *toujours* ne peut pas ici se traduire par **always** puisqu'il signifie *n'importe comment*, *de toute façon*.

15. Cf. D12 à propos de **to keep** + verbe en **-ing**.

17. On peut également soit rajouter **though** en fin de phrase (précédé d'une virgule), soit l'employer à la place de **but**.

18. ☐ *il est grand temps qu'il vienne*, **it is high time he came**. Cf. *changer de* dans la partie Vocabulaire français, p. 23.

THÈME H

1. À qui sont ces chaussures ? — Elles sont certainement à Paul qui a l'habitude de laisser les autres s'occuper de ses affaires.
2. Lorsqu'il habitait Paris, j'allais le voir au moins une fois par semaine.
3. Depuis qu'il est parti, nous ne nous rencontrons qu'une fois par an mais nous nous écrivons tous les quinze jours.
4. Quand s'est-il fait couper les cheveux pour la dernière fois ?
5. Paul viendra dîner avec nous demain, n'est-ce pas ?
6. Tu n'aurais pas dû lui donner tous ces renseignements. Il aurait pu les chercher lui-même.
7. Elle allait partir lorsqu'il sonna à la porte.
8. Il veut me faire traduire cette lettre mais il aura tout oublié dès que j'aurai fini.
9. Elle travaille à son examen depuis près de dix mois et il est probable qu'elle réussira.
10. Je me demande s'il nous doit encore de l'argent.
11. Pourquoi ne pas lui demander de venir même s'il n'est pas d'accord ?
12. Les avez-vous vus la semaine dernière ? — Non, je n'ai vu aucun d'entre eux.
13. Elle m'a dit que ses cours étaient de plus en plus difficiles, ce qui ne m'a pas du tout surpris.
14. À quelle vitesse conduisait-il lorsqu'il fut arrêté par l'agent de police ?
15. À l'époque où nous travaillions pour la même entreprise, je lui envoyais une carte postale chaque fois que j'allais à l'étranger.
16. Qu'elle me téléphone ce soir si elle veut en savoir plus !
17. Comme il fait mauvais ! J'aimerais bien me trouver au Maroc en ce moment !
18. Nous venons de leur envoyer un colis, mais je ne sais pas s'ils le recevront avant la semaine prochaine.
19. Tu ferais mieux de ne pas leur en parler afin d'éviter tout malentendu.
20. Il ne reste plus de lait dans le réfrigérateur.

CORRIGÉ

1. Whose shoes are these ? — They are certainly Paul's who is used to letting others / to leaving other people take care of his things.

2. When he lived in Paris, I used to go and see him / to visit him at least once a week.

3. Since he left / went away, we've met only once a year but we've been writing to each other every two weeks / every other week / every fortnight.

4. When did he last have his hair cut ?

5. Paul will come to have dinner with us tomorrow, won't he ?

6. You should not have given him all this information. He could have looked for it (by) himself.

7. She was going to leave when he rang at the door.

8. He wants to make me translate this letter but he will have forgotten everything as soon as I have finished.

9. She has been working for her exam for nearly ten months and she will probably succeed / she is likely to succeed.

10. I wonder / I'm wondering whether he still owes us (any) money.

11. Why not ask him to come even if / even though he doesn't agree / he disagrees ?

12. Did you see them last week ? — No, I didn't see any of them / I saw none of them.

13. She told me that her courses were more and more difficult, which did not surprise me at all.

14. How fast was he driving when he was arrested by the policeman ?

15. At the time when we used to work for the same company, I would send him a postcard every time I would go abroad.

16. Let her call / phone / ring me this evening if she wants to know more about it !

17. How bad the weather is ! / What bad weather ! I wish I were / I was in Morocco now !

18. We have just sent them a parcel but I don't know whether they will receive it before next week.

19. You had better not talk to them about it / You'd better avoid telling them about it, so as to / in order to prevent any misunderstanding.

20. There is no (more) milk left in the fridge / refrigerator.

COMMENTAIRE

1. *(il) a l'habitude* est un présent, à ne pas confondre avec **used to** + infinitif qui traduit l'imparfait français, comme dans le cas de *j'allais* dans la phrase 2. Cf. E4 sur les deux constructions à distinguer ainsi que la phrase 15 sur les différents équivalents de l'imparfait.

3. À propos des verbes pronominaux (réfléchis et réciproques), cf. F4.

4. **last** a ici une fonction adverbiale qui correspond à **for the last time**, expression qui pourrait être employée à sa place, en fin de phrase.

6. Cf. l'entrée *renseignement* dans le Vocabulaire français.

7. Il s'agit d'une forme de futur proche (ici employé à l'imparfait) : *elle va partir*, **she is going to leave** ou encore **she is about to leave / she is on the point of leaving**.

8. La traduction par **make** suppose une certaine contrainte ou, en tout cas, une action accomplie à contrecœur. Cf. A2 et A11. On aurait pu également avoir recours à la proposition infinitive : *il veut que je (lui) traduise cette lettre*, **he wants me to translate this letter (for him)**.

9. ☐ la préposition *à* se traduit en l'occurrence par **for**. Cet emploi est à rapprocher de contextes tels que : **he is very good at tennis** ; **he is bad at / in maths**, *il est très bon au / en tennis* ; *il est mauvais en mathématiques*.

14. Des questions de ce genre, formulées en français à l'aide d'un substantif, se traduisent par **how** + adjectif : *quelle est la longueur, la hauteur, la profondeur de... ?*, **how long, high / tall, deep is... ?** Cf. également K15, p. 183.

15. ☐ cette phrase comporte trois verbes à l'imparfait qui sont traduits respectivement par la forme d'habitude **used to** + infinitif (qui décrit une situation ou un état qui s'est prolongé dans le passé) et par la forme fréquentative exprimée par **would** + base verbale (qui décrit une action ponctuelle qui s'est répétée dans le passé).

16. L'impératif se construit à la 1re et à la 3e personne à l'aide de l'auxiliaire **let** suivi du pronom objet et de la base verbale : **let's (let us) / let him / let her / let them call Mark**, *appelons Marc / qu'il / qu'elle appelle / qu'ils appellent Marc*. À la 2e personne, on emploie simplement la base verbale : **call Mark**, *appelle / appelez Marc*. À la forme négative, on dira : **let us not call, don't let him / her / them call Mark.**

17. Sur la forme exclamative, cf. C18 et D8. Pour l'expression du souhait, cf. A11, E7, F10.

18. Sur la formation du passé récent, cf. G8.

THÈME I

1. C'était un spectacle si intéressant ! J'aurais aimé que tu puisses venir avec nous.

2. Mais j'aurais dû t'appeler beaucoup plus tôt. Pourquoi ne pas essayer la semaine prochaine ?

3. Je crois qu'il reste encore quelques places.

4. Rien ne sert d'en parler puisque je ne serai plus à Paris alors.

5. J'ai fait dire à Paul que je l'appellerai dès que j'arriverai.

6. Il est grand temps que je réponde à sa lettre car cela fait plus d'une semaine qu'il m'a écrit.

7. Je ne peux m'empêcher de penser à nos prochaines vacances, bien qu'elles soient encore très loin.

8. Je me demande ce qui a bien pu lui arriver car il a de moins en moins d'amis.

9. Il vient de m'apprendre qu'il est sans emploi depuis deux mois.

10. Il n'y a pas de raison pour qu'il se sente si déprimé.

11. Est-ce que cela te dérangerait de lui demander de passer me voir ? Je pourrais peut-être l'aider.
12. Je suis habitué à faire ce genre de choses, de toute façon.
13. Je veux qu'elle cesse de me dire ce que je dois faire.
14. Je suis assez grand pour me décider tout seul.
15. Lequel des deux préférez-vous ? Le noir est le même que celui que vous avez acheté l'an dernier.
16. Tu n'as pas besoin d'avoir les deux, n'est-ce pas ?
17. Crois-tu qu'ils reviendront ? — J'espère bien que non.
18. Je ne te laisserai pas me dire de telles choses.
19. À peine étions-nous arrivés qu'elle se mit à se plaindre.
20. Ils ne sont pas du tout contents ; nous non plus.

CORRIGÉ

1. It was such an interesting show ! I wish you had been able to come with us.
2. But I should have called you much earlier. Why not try next week ?
3. I think that there are still a few seats left.
4. It's no use talking about it since I won't be in Paris then.
5. I've had someone tell Paul / I've let Paul know that I would call him as soon as I arrived.
6. It's high time I answered his letter as he wrote to me more than a week ago / it is (US has been) more than a week since he wrote to me.
7. I can't help thinking of our next holidays, although they are still quite far away.
8. I wonder what may have happened to him as he has fewer and fewer friends.
9. He has just told me / let me know that he has been unemployed / jobless / out of work / out of a job for two months.
10. There is no reason for him to feel / for his feeling so depressed.
11. Would you mind asking him to come and see me / to drop by ? I might help him / I may be able to help him.
12. I am used to doing that sort of things, anyway.

13. I want her to stop telling me what I must do / have to do / need to do.
14. I am old enough to make up my mind by myself / on my own.
15. Which one / Which of the two do you prefer ? The black one is the same as the one you bought last year.
16. You don't need to have both, do you ?
17. Do you think they will come back ? — I hope they won't / I hope not / I hope they don't.
18. I won't let you tell me such things.
19. Hardly had we arrived when / No sooner had we arrived than she started to complain.
20. a) They are not pleased / glad at all ; neither are we / we are not either ; b) They are quite dissatisfied ; so are we.

COMMENTAIRE

1. *j'aurais aimé* exprime un regret, c'est-à-dire un souhait au passé : en anglais **I wish** + pluperfect à comparer avec **I wish** + prétérit pour l'expression du souhait : **I wish you could come / you were able to come with us**, *j'aimerais que tu viennes avec nous*.
5. La première traduction correspond littéralement à « *j'ai eu recours à quelqu'un pour dire à Paul* », la seconde à « *j'ai fait savoir à Paul* » ; □ comme on l'a vu dans A3, E18 et F7, en anglais, on emploie le présent ou le present perfect à la place du futur français après les conjonctions de temps ; dans cette phrase, c'est le prétérit qui est employé pour traduire le futur français car le point de référence est un *passé* composé : *j'ai fait dire*. Comparer avec **he says that he'll call me as soon as he arrives**, *il dit qu'il m'appellera dès qu'il arrivera*.
6. **as** a ici le sens causal de *étant donné que* (= **given**) ; *car* se traduit aussi par **for** mais on aurait pu également employer **since** (= *puisque*).
9. À propos d'*emploi*, cf. tous les équivalents de *travail*.
14. Cf. l'entrée *grand*.

15. ☐ dans les traductions du français *quel*, *lequel*, ne pas confondre **what** et **which**, ce dernier impliquant une comparaison ou un choix entre deux (ou plusieurs) objets ou personnes.
What books / What sort of books do you like ?
Quels livres / Quel genre de livres aimez-vous ?
Which book did you prefer ? / Which one did you prefer ? Salinger's or Saul Bellow's ?
Quel livre / Lequel avez-vous préféré ? Celui de Salinger ou celui de Saul Bellow ?
☐ on peut dire aussi bien :
Which was... / Which one was..., ou **Which book was most interesting ?**
Lequel était... / Quel livre était le plus intéressant ?
⊖ « the same than » et « the same that » sont impossibles.
◇ **the same as**, *le même que*.

19. ☐ ici aussi, veiller à employer l'équivalent approprié du français *que* : **hardly... when** et **no sooner... than** (*nous n'étions pas sitôt arrivés que...*).

20. Les tournures elliptiques (**tags**) telles que *nous non plus*, *nous aussi* se construisent respectivement : **neither** + auxiliaire + sujet (ou sujet + auxiliaire + **not either**) ; **so** + auxiliaire + sujet. La variante b) de cette phrase traduit littéralement *ils sont tout à fait mécontents ; nous aussi*.

THÈME J

1. Tu aurais dû l'avertir plus tôt qu'elle ne viendrait pas.
2. Je me demande encore si je ne l'ai pas rencontré quelque part.
3. On m'a raconté cette histoire plusieurs fois mais je ne crois pas qu'elle soit vraie.
4. Elle a appelé le magasin dont le numéro de téléphone est sur le bureau.
5. Voulez-vous me donner un coup de fil dès que vous arriverez ?

6. Il travaille dans cette librairie depuis quinze jours.
7. Tu iras en Ecosse le mois prochain, n'est-ce pas ?
8. A peine était-il sorti qu'elle me répéta tout ce qu'il lui avait dit.
9. Pourras-tu m'attendre jusqu'à midi ?
10. Je n'arrive pas à croire que cela fait déjà six mois qu'il est mort.
11. Je n'ai vraiment pas l'habitude de conduire à gauche.
12. Crois-tu que tu arriveras à t'y habituer vite ?
13. J'aimerais avoir davantage de renseignements sur ce voyage.
14. Ils se sont connus pendant la guerre et ils se sont toujours écrit depuis lors.
15. Est-ce que cela vous dérangerait de me prêter votre vélo ?
16. Laissez-la réfléchir. Il se peut qu'elle trouve la solution.
17. Quand j'étais enfant, nous passions tous les étés en Normandie.
18. Je viens de le voir et j'ai oublié de lui rappeler notre rendez-vous.
19. Je veux que tu lui expliques ce qui s'est passé exactement.
20. Nous ferions mieux de partir tout de suite.

CORRIGÉ

1. You should / You ought to have told / informed him earlier that she would not come / wasn't coming.
2. I am still wondering whether I have / if I haven't met him somewhere.
3. I was told this story several times but I don't think it's true.
4. She called the store whose phone number is on the desk.
5. Will you give me a call as soon as you arrive ?
6. He has worked / been working in this bookstore for two weeks / for a fortnight.
7. You will go to Scotland next month, won't you ?
8. He had hardly gone out when / No sooner had he gone out than she repeated to me all that / everything he had told her.
9. Will you be able to wait for me until 12 (o'clock) ?

10. I can't believe / I can hardly believe that it is already six months since he died / that he has been dead already for six months.
11. I am not really used to driving on the left.
12. Do you think that you will quickly manage to get used to it ?
13. I'd / I would like to have / I wish I could have more information on that trip.
14. They met / They became acquainted / They got to know each other during the war and they have been writing to each other ever since / since then.
15. Would you mind lending me your bike / bicycle ?
16. Let her think (about it). She may find the solution.
17. When I was a child, we used to spend every summer in Normandy.
18. I have just seen / met him and I forgot to remind him of our appointment.
19. I want you to explain to him exactly what happened.
20. We'd better leave right now / at once.

COMMENTAIRE

1. ☐ **to warn** ne correspond réellement au français *avertir* que lorsque ce verbe implique un certain danger. Cf. *avertir* et *prévenir* dans le Vocabulaire français.
2. ☐ **whether** introduit une proposition interrogative indirecte qui comporte une négation implicite (*si... ne pas*, *si oui ou non*). Il faut donc veiller, lorsqu'on l'emploie, à ne pas mentionner la négation **not**. En l'occurrence « whether I haven't met him » est impossible, tandis que **if I haven't** est parfaitement correct.
3. Pour la traduction de l'indéfini *on*, cf. A9, E9, E17.
4. Lorsqu'il implique une relation de possession, *dont* se traduit par **whose**. Dans l'usage moderne, on l'emploie aussi bien avec des inanimés que des animés. On peut évidemment continuer à utiliser **of which** avec un antécédent inanimé, en prenant soin toutefois

de respecter la construction relativement compliquée de ce relatif. Ainsi, on pourrait dire en l'occurrence : **the store the phone number of which**, cet ordre des mots étant obligatoire. Avec **whose**, l'emploi de l'article **the** est impossible, d'où **whose phone number**. □ à noter que dans les cas où il n'y a pas de relation de possession, le français *dont* a des équivalents différents ou bien n'a tout simplement pas de traduction, dans la mesure où il est sous-entendu, en particulier dans la langue parlée.
L'ami dont je t'ai parlé sera là ce soir.
The friend I told you about / about whom I told you will be here tonight.

5. Dans la langue familière, *donner un coup de fil à qqun* se dit également **to give sbd a ring/a buzz / to ring sbd up**.

6. Étant donné que l'expression a le plus souvent un sens approximatif, *quinze jours* se traduit rarement par **fourteen days** ; □ **a fortnight** (**fourteen nights**), *une quinzaine*.

8. Pour la traduction de *à peine*, cf. I 19 ainsi que l'entrée *dur, durement* dans le Vocabulaire français ; □ veiller à employer l'auxiliaire qui convient : *il était sorti*, **he had gone out**. À propos de *tout ce que*, cf. B10 et G2.

9. *midi* se dit également **midday** ou **noon**.

10. *arriver à (faire qqch.)* n'est pas traduit par **to succeed (in doing sth)** ou **to manage (to do sth)** comme dans la phrase 12 mais littéralement par *je ne peux pas croire, j'ai du mal / j'ai peine à croire*. À propos de ces expressions, cf. l'entrée *difficultés*. La première variante de cette phrase correspondrait au français *cela fait six mois qu'il mourut* (action ponctuelle et révolue, d'où prétérit) ; la seconde correspondrait à *cela fait six mois qu'il est mort* (état qui a pris sa source dans le passé et qui évidemment se continue, d'où l'emploi du present perfect).

13. □ **I would like to have** est la façon la plus courante d'exprimer une *demande*. **I wish I could have** exprime un *souhait* (éventuellement plus difficile à réaliser) ou une demande formulée de façon *plus polie*. Ces deux expressions correspondraient respectivement au français *j'aimerais / je voudrais avoir* et *je souhaiterais avoir / serait-il possible d'avoir*.

14. ☐ la traduction littérale « they knew each other » est ici impossible, puisque l'expression a le sens de *faire connaissance / se rencontrer*. **They got to know each other** est une tournure plus familière. Cf. l'entrée *(se) rencontrer* dans le Vocabulaire français.

16. ☐ *elle peut trouver la solution* (= *elle en est capable*) se dirait **she can find the solution**.

19. L'adverbe pourrait également se placer après le verbe : **what happened exactly**.

THÈME K

1. Quand faudra-t-il y aller ? — Le plus tôt sera le mieux.
2. À qui en avez-vous parlé ? — À quelqu'un dont je ne me rappelle plus le nom.
3. Nous allions très souvent en Italie dans les années 60.
4. Vous y retournerez bientôt, n'est-ce pas ?
5. Je préférerais ne pas parler politique avec eux.
6. En effet, je crois que tu ferais mieux d'éviter ce genre de sujet.
7. Cela fait au moins trois mois qu'il cherche un travail.
8. Il aurait dû quand même s'y prendre plus tôt.
9. Je viens d'écouter les nouvelles à la radio.
10. J'allais justement te demander si des événements nouveaux s'étaient produits.
11. En fait, depuis une semaine, on ne sait plus grand-chose sur cette affaire.
12. Tout cela a pourtant commencé il y a plus d'un an.
13. Je veux que tu m'expliques ce que tu y as compris.
14. Mon anglais ne s'est pas amélioré malgré mon séjour aux États-Unis.
15. Tous les combien se rencontrent-ils maintenant ?
16. Je crois qu'ils s'écrivent environ une fois par mois.
17. Je viens de lire un livre de Proust.

18. Qu'elle nous appelle demain, à moins que ce ne soit trop tard !
19. Je ne peux pas t'en donner. Il ne m'en reste plus.
20. Il a décidé de rester, ce qui m'a beaucoup surpris.

CORRIGÉ

1. When shall we have to go there ? — The sooner the better.
2. Who(m) did you tell about it ? — Someone / Somebody whose name I no longer remember.
3. We used to go to Italy quite often in the sixties.
4. You will soon go back there, won't you ?
5. I'd rather not talk about politics with them.
6. Indeed, I think that you'd better avoid that kind of subject / topic.
7. He has been looking for a job for at least three months / It is at least three months since he started looking for a job.
8. He should have started earlier, though.
9. I have just listened to the news on the radio.
10. I was just going to / about to ask you whether new events had occurred.
11. In fact, we haven't heard much about this subject for a week ; little / hardly anything has been heard about the subject for a week.
12. Yet / However, it all started / the whole thing started more than a year ago.
13. I want you to explain to me what you understood about it.
14. My English hasn't improved in spite of / despite my stay in the United States.
15. How often do they meet now ?
16. I think that they write to each other about / approximately once a month.
17. I have just read a book by Proust / one of Proust's books.
18. Let her call us tomorrow, unless it is too late.
19. I can't give you any. I have none left.
20. He decided to stay, which surprised me very much.

COMMENTAIRE

1. ☐ noter que dans cette expression figée, on emploie un double comparatif, **the sooner**, **the better** avec l'ellipse du verbe être, alors que le français emploie un superlatif. Elle sert de modèle à de nombreuses expressions ou proverbes tels que **the more, the merrier**, *plus on est de fous, plus on s'amuse*.

2. Cf. les différents équivalents de *parler* dans la partie Vocabulaire. Pour les traductions du relatif *dont*, cf. B16 et surtout J4.
☐ veiller à respecter l'ordre des mots qui convient, le verbe étant placé en dernière position.

3. Cf. l'entrée *année* à propos de la graphie **60s/sixties**.

7. On aurait pu dire également **looking for work**, sans article (cf. *travail*) ; ☐ la deuxième traduction proposée introduit le verbe **to start** au prétérit (action terminée et datée) : la personne *continue* certes sa recherche mais trois mois se sont écoulés depuis le *commencement* de cette prospection.

9. ☐ veiller à l'emploi de la préposition qui convient : *à la radio*, **on the radio** ; *à la télévision*, **on television** (pas d'article !).

10. Le futur proche est ici traduit par **about to do sth** (= **on the point of doing sth**), *sur le point de faire qqch.* ; ☐ ne pas oublier de redoubler le **r** de **to occur** dans les dérivés de ce verbe tels que **occurred** ou **occurring**. En l'orthographiant avec un seul **r**, on modifierait sa qualité monophtongue [ʌ], le faisant rimer avec **cured** [kjuəd]. Cf. le tableau comparatif et le commentaire sur la différence monophtongues/diphtongues p. 233.

11. ☐ *ne ... plus* ne se traduit que lorsque l'expression est employée pour ainsi dire dans l'absolu, sans autre référence :

Il n'habite plus ici. **He no longer lives here.**
He doesn't live here any longer.

Il n'habite plus ici depuis un an / depuis le 30 septembre.
He hasn't lived here for a year / since September 30.

À noter que dans le premier cas on emploie le présent, dans le second le present perfect ; *plus grand-chose*, traduit par **not ... much**, **little** et **hardly anything** correspond littéralement à *pas beaucoup*, *peu* et *pratiquement rien*. Cf. *affaire* dans la partie Vocabulaire français.

14. ☐ *malgré qqch.* se traduit soit par **in spite of sth** soit par **despite sth** (sans **of**).

15. ☐ noter la traduction de *tous les combien* par **how often**, à rapprocher des questions introduites par **how** + adjectif : cf. H14, p. 172.

17. ☐ dans des expressions telles que *un livre de Proust*, la préposition ne se traduit pas par **of** mais par **by**. De la même façon, on dira : *une peinture de Monet*, **a painting by Monet** ou **one of Monet's paintings** ; *une symphonie de Bach*, **a symphony by Bach** ou **one of Bach's symphonies**, etc.

18. Pour la formation de l'impératif, cf. H16, p. 173.

19. Dans cette phrase, *en* se traduit successivement par **any** et **none** (= **not any one**).

20. ☐ à noter que « which surprised me much » serait une tournure assez curieuse, de telle sorte que l'emploi de **very much** est en l'occurrence obligatoire.

THÈME L

1. Quelle cravate prendrez-vous ? — L'une ou l'autre fera l'affaire.
2. Après tout, je crois que je préfère la plus foncée.
3. Je veux qu'ils me disent ce qu'ils comptent faire.
4. Nous aurions dû voir un médecin plus tôt.
5. Quelle réaction étrange dans une telle situation !
6. Je ne le vois plus depuis environ deux mois.
7. En effet, il y a sept ou huit semaines qu'il a déménagé.
8. Tu devrais faire traduire cette lettre par sa sœur.
9. Il a dit que nous partirions dès qu'il serait arrivé.
10. On m'a dit qu'il n'habitait plus ici.
11. Est-ce le garçon que tu me montres ?

12. Non. C'est celui dont je t'ai déjà parlé.
13. Combien de temps te faudra-t-il pour terminer ce travail ?
14. Est-ce que ça te dérangerait si je l'invitais ?
15. Elle a dû venir quand nous n'étions pas là.
16. Il y a de moins en moins d'étrangers dans cette université.
17. Je ne crois pas. Il y en a autant que dans n'importe quelle université.
18. Je voudrais du pain. — Il n'en reste plus.
19. Il se peut qu'il soit encore chez lui.
20. Tout le monde est arrivé, n'est-ce pas ?

CORRIGÉ

1. Which tie will you take ? — Either one will do.
2. After all, I think that I prefer the darker one.
3. I want them to tell me what they intend to do.
4. We ought to / should have seen a doctor sooner.
5. What a strange reaction in such a situation !
6. I haven't seen him for about two months.
7. Indeed, he moved seven or eight weeks ago.
8. You should / ought to / have this letter translated by his sister / You should have his sister translate this letter.
9. He said that we would go as soon as he had arrived.
10. I was told / I heard that he no longer lived here.
11. Is this the boy (whom) you are pointing at ?
12. No. He is the one I already talked to you about.
13. How long will it take you / will you need to finish this work ?
14. Would you mind my inviting him / if I invited him ?
15. She must have come while / when we were out / not here.
16. There are fewer and fewer foreigners in this university.
17. I don't think so. There are as many (of them) as in any other university.
18. I would like some bread. — There is none left.
19. He may still be at home at the moment.
20. Everybody has arrived, haven't they ?

COMMENTAIRE

1. À propos de **which** interrogatif impliquant un choix, cf. I 15 ; **either** employé comme adjectif ou pronom correspond au français *chaque / chacun*, *n'importe lequel*, *l'un et l'autre*, *l'un ou l'autre*, lorsque deux personnes ou deux objets sont en cause.
Cars were parked on either side of the street.
Des voitures stationnaient des deux côtés de la rue.
How would you like your eggs ? Hard or soft-boiled ?
Comment voulez-vous vos œufs ? Durs ou mollets ?
either way, *peu importe* (= de l'une ou l'autre façon).

2. ☐ il ne s'agit pas ici d'un véritable superlatif mais d'un *comparatif* de supériorité : *la plus foncée (des deux)* = celle qui est *plus* foncée que l'autre. D'où la traduction en anglais par **the darker one** et non **the darkest**.

6. Pour la traduction de phrases comportant à la fois *ne plus* et *depuis*, cf. K11.

9. ☐ on ne peut pas employer le conditionnel (ni le futur, cf. A3) dans les subordonnées de temps. Au conditionnel présent, correspond le prétérit (*dès qu'il arriverait*, **as soon as he arrived**) et au conditionnel passé correspond le pluperfect (*dès qu'il serait arrivé*, **as soon as he had arrived**).

10. ☐ **to hear** a le sens du français *apprendre* (une nouvelle). **I heard that...**, *J'ai appris que...*

14. Dans la langue parlée, la construction **do you mind if** + verbe remplace souvent la construction avec le substantif verbal **do you mind my, his / her, their** + forme en **-ing**.

15. À propos de cet emploi du verbe *devoir*, cf. A5.

16. ☐ veiller à la traduction du substantif *étranger* : **a foreigner*** ['fɔrinə] désigne un individu d'une autre nationalité ; **a stranger*** ['streindʒə] s'applique à une personne étrangère à une ville, une région, un quartier, etc.

17. *autant ... que* se traduit par **as many ... as** (et non **that**) lorsque le terme s'applique à une quantité dénombrable et par **as much ... as** lorsqu'il s'applique à une quantité indénombrable (**as much time, as much money**) ; *d'autant plus ... que* se traduit par **all the more ... as**, *d'autant moins ... que* par **all the less ... as**. **The lecture was all the shorter as ...**, *La conférence fut d'autant plus courte que...* ; cf. également M3.

20. ☐ *tout le monde* : contrairement au français, le verbe, le pronom personnel et l'adjectif possessif qui se rapportent à **everybody** sont au *pluriel*.
Tout le monde a pris son manteau, n'est-ce pas ?
Everybody took their coats, didn't they ?

THÈME M

1. Il avait promis qu'il nous appellerait avant de partir.
2. Il arrivera ici avant 9 heures, n'est-ce pas ?
3. Certainement, d'autant qu'il voulait absolument être avec nous.
4. Je ne pense pas qu'il vienne si tard.
5. Cela fait six mois que j'ai pris un abonnement.
6. Mais je lis ce magazine depuis trois ans.
7. Tu ferais mieux de passer deux mois en Angleterre.
8. J'aimerais mieux aller aux Etats-Unis.
9. On dit que le voyage n'est pas très cher.
10. Tu aurais dû en parler avec Paul.
11. Je viens de le rencontrer dans l'autobus.
12. Quand faudra-t-il acheter nos billets ?
13. Pourquoi ne pas le faire tout de suite ?
14. Les places sont moins chères jusqu'à Noël.
15. À qui est cette carte ? — Je crois qu'elle est à Paul.
16. Penses-tu qu'il pourra me la prêter ?
17. Sûrement. C'est un garçon si gentil !
18. Aurais-tu la gentillesse de la lui demander ?
19. Même s'il refusait, elle te coûterait deux fois moins cher là-bas.
20. Quelle chance tu as de pouvoir partir !

CORRIGÉ

1. He had promised that he would call us before leaving.
2. He'll arrive / get here before 9, won't he ?
3. Certainly, all the more so as he absolutely wanted to be with us.
4. I don't think he will come so late.
5. It is six months since I took out a subscription / I subscribed six months ago.
6. But I've been reading this magazine for three years.
7. You'd better spend two months in England.
8. I'd rather go to the United States.
9. The trip is said to be fairly / relatively inexpensive.
10. You should have talked with Paul about it.
11. I have just met him on the bus.
12. When shall we have to buy our tickets ?
13. Why not do it right now / at once ?
14. Fares are cheaper until Christmas.
15. Whose map is this ? — I think it's Paul's.
16. Do you think (that) he'll be able to lend it to me ?
17. Surely / For sure / Certainly. He is such a nice boy !
18. Would you be so kind as to ask him for it ?
19. Even if / Even though he refused, it would cost you half as much there.
20. How lucky you are to be able to go !

COMMENTAIRE

3. *d'autant (plus) que* n'est pas suivi d'un adjectif, dans cette phrase, d'où l'emploi de **so** qui fait fonction de substitut : **all the more so as**. Pour les traductions de *autant*, *d'autant*, cf. L17.
4. Le subjonctif français est ici traduit par un indicatif futur : **he will come**. Si l'on souhaitait insister sur le caractère improbable de cette hypothèse, on dirait : **he may** ou même **he might come so late**, *qu'il puisse venir si tard*.

8. *j'aimerais mieux* se traduit également (plus rarement) par **I would rather** ou **I would sooner**.

9. L'emploi de **said** est obligatoire (cf. D18). « I was told that... » signifierait *on m'a dit que...* Par ailleurs, la traduction littérale « to be not very expensive » serait assez gauche et non idiomatique, d'où l'interprétation en *plutôt / relativement peu coûteux*. Cf. **cheap** dans la partie Vocabulaire anglais.

11. ☐ veiller à employer la préposition qui convient : **on the bus** et non « in the bus » ; *dans l'avion* se dit également **on the plane**.

14. Le français *places* désigne ici le *prix* des billets, d'où l'emploi de **fares** qui a exactement ce sens et qui désigne plus généralement le prix d'un trajet, quel que soit le mode de transport. Cf. *place* dans la partie Vocabulaire français.

18. **would you be kind enough to... ?** est également très fréquent mais en principe moins poli (*assez gentil pour...*) ; ☐ *demander qqch. à qqun*, **to ask sbd for sth**. Cf. l'entrée *demander*.

19. *deux fois moins cher* ; traduction littérale : *moitié autant*. Cf. D3.

20. « what luck you have » serait grammaticalement correct mais nettement moins idiomatique.

THÈME N

1. Il travaillait depuis vingt minutes lorsqu'elle entra dans la pièce.

2. Vous feriez mieux d'assister à la réunion qui aura lieu mardi prochain.

3. Il n'y a pas d'autre ligne d'autobus que le 68.

4. Réveillez-moi à 7 heures. J'ai un rendez-vous à 8 h 30 en ville.

5. Je suis déjà en retard, n'est-ce pas ?

6. Depuis combien de temps la connaissiez-vous lorsqu'elle s'est mariée ?

7. N'oubliez pas de me prévenir avant qu'ils ne partent.

8. J'ai appris la nouvelle hier mais il est inutile de leur en parler.
9. La semaine prochaine, il pourra me dire quand le colis arrivera.
10. À qui avez-vous téléphoné hier ?
11. Combien y a-t-il d'ici à la gare ?
12. J'ai autant de travail que l'an dernier.
13. Il a écrit à son cousin pour que tu ailles en Angleterre.
14. Plus j'y pense, moins j'ai confiance en lui.
15. Il y a plus de dix ans que je ne l'ai pas vu.
16. Bien qu'on m'ait prévenu, j'ai été extrêmement surpris lorsque je l'ai revue.
17. Ça ne me dérange pas qu'il soit invité.
18. Mais je veux qu'il paye comme tout le monde.
19. Je crois que cela vaut la peine d'essayer.
20. Tu dis cela comme si tu ne le connaissais pas.

CORRIGÉ

1. He had been working for twenty minutes when she entered the room / walked into the room.
2. You'd better attend the meeting which will take place / be held next Tuesday.
3. There is no other bus line than N° 68.
4. Wake me up at 7. I have an appointment at 8.30 in town.
5. I am already late, aren't I / am I not ?
6. How long had you known her (for) when she got married ?
7. Don't forget to let me know before they leave.
8. I heard the news yesterday but there's no need to tell them about it / but it's no use telling them.
9. Next week, he will be able to tell me when the parcel will arrive.
10. Who(m) did you call / Who did you phone yesterday ?
11. How far is it from here to the station ?
12. I have as much work as last year.
13. He's written to his cousin so that you may go to England.
14. The more I think of it, the less I trust him.

15. I haven't seen him for more than ten years / It is more than ten years since I (last) saw him.
16. Although I had been told about it / Although I was informed, I was extremely surprised when I saw her again.
17. I don't mind his being invited / That he should be invited does not bother me.
18. But I want him to pay like everybody else.
19. I think that it's worth trying.
20. You say that as if / as though you didn't know him.

COMMENTAIRE

2. ☐ dans cette acception **to attend sth** n'est pas suivi de la préposition **to**. Cf. *assister* dans la partie Vocabulaire français. Si l'on interprète *qui aura lieu* en *qui est prévue pour*, on dira **which is scheduled for** (cf. **schedule** en Prononciation, p. 259).

3. ☐ *autre... que* ne peut se traduire que par **other... than**, « that » et « as » étant impossibles.

5. **aren't I ?** est une contraction fréquente mais plutôt familière. Dans la langue écrite, employer plutôt **am I not ?**

7. Le subjonctif *qu'ils ne partent* est traduit par un indicatif sans négation : **before they leave**. Cf. dans la partie Vocabulaire français les entrées *prévenir* et *avertir*.

9. ☐ ne pas se tromper sur la nature de la proposition *quand le colis arrivera*. Il ne s'agit pas d'une subordonnée temporelle mais d'une interrogative indirecte : *à quelle date le colis arrivera-t-il ?* C'est pourquoi l'emploi du futur anglais est en l'occurrence parfaitement normal, le colis pouvant arriver deux mois après que la personne en aura été avisée (c'est-à-dire *neuf* semaines à partir du point de référence). Rapprocher cette phrase de la suivante : *il m'appellera quand le colis arrivera / sera arrivé*, **he will call me when the parcel arrives / has arrived**. Les deux actions seront simultanées et non décalées comme dans le premier cas.

11. Comparer cette traduction de *combien* avec les autres équivalents de ce terme : cf. K15 et N11.

12. Pour la traduction de *autant*, cf. L17.

13. ☐ la traduction de *pour que* par « in order to » est impossible, le sujet de la subordonnée de but n'étant pas le même que celui de la principale et le verbe de la subordonnée étant au subjonctif et non à l'infinitif. En revanche, *il a écrit à son cousin pour aller en Angleterre* se traduirait par **he's written to his cousin in order to go to England** ; *pour que tu ailles* se traduit donc littéralement par *pour que tu puisses aller*, **so that you may** (**might** si l'éventualité est plus improbable) **go**.

14. ☐ ne pas oublier d'employer l'article dans la construction du double comparatif : **the more... the less**. Cf. A17.

15. Dans la première traduction, l'action de *ne pas voir* dure toujours, d'où l'emploi du present perfect avec **for**. Dans la seconde, **it is... since** mesure le temps écoulé depuis la dernière rencontre, d'où l'emploi du prétérit : **since I saw him for the last time**.

16. Comme dans la phrase 7, le subjonctif *qu'on m'ait* est traduit par l'indicatif : la première formule correspond à *bien qu'on m'en eût informé*.

17. Dans la seconde traduction proposée pour cette phrase, au subjonctif français correspond **should** : littéralement, *qu'il soit invité ne me dérange pas*.

18. Le verbe peut être sous-entendu en anglais comme en français dans la proposition introduite par **as**, *comme*. Si le verbe est exprimé, il peut avoir plusieurs équivalents selon son sens : *comme tout le monde le fait / l'a fait / le fera*, **as everybody does / did / will** ; ☐ en tout cas, noter que (en dehors du langage familier), **like** étant une préposition, ce terme ne peut introduire une proposition : **he dresses like me**, mais **he dresses as I do**, *il s'habille comme moi*. Comparer : **he speaks like an American**, *il parle comme un Américain* (et non comme / en tant qu'Américain : il en a seulement l'accent ou les manières) ; **as an American, he should**

not speak like that, *en tant qu'Américain, il ne devrait pas parler comme cela*. De la même façon : **he speaks like an engineer ≠ as an engineer**, *il parle comme un ingénieur ≠ en sa qualité d'ingénieur*.

THÈME O

1. Ce film vaut vraiment la peine d'être vu.
2. Ne faudra-t-il pas lui demander s'il peut venir ?
3. Nous ferions mieux d'attendre la semaine prochaine.
4. J'attends déjà depuis mardi.
5. Je l'appellerai dès qu'il rentrera chez lui.
6. Il quitte son bureau à 18 heures, n'est-ce pas ?
7. Il se peut qu'il soit en retard aujourd'hui.
8. Tu aurais dû économiser de l'argent pour tes vacances.
9. Cela devient de plus en plus difficile.
10. J'aimerais mieux attendre l'an prochain pour partir avec toi.
11. Comme c'est décevant !
12. Je veux qu'il me donne son avis.
13. Cela fait quatre ans que nous partons en vacances ensemble.
14. Je n'ai pas l'habitude de voyager seul.
15. À qui est le stylo qui est sur le bureau ?
16. Il appartient à un ami dont je n'ai plus l'adresse.
17. Il a dû quitter la ville.
18. Je n'ai pas eu de ses nouvelles depuis avril dernier.
19. Il pourrait même habiter à l'étranger.
20. On m'a dit que son frère habitait encore en ville.

CORRIGÉ

1. This film is really worth seeing.
2. Won't we have to ask him whether / if he can come ?
3. We had better wait until next week.
4. I have already been waiting since Tuesday.
5. I'll call him as soon as he gets back home.

6. He leaves his office at 6 (p.m.), doesn't he ?
7. He may be late today.
8. You should / You ought to / have saved money for your holiday.
9. It is getting more and more difficult.
10. I would rather wait until next year (in order) to go / so that I may go with you.
11. How disappointing (it is) !
12. I want him to give me his opinion.
13. We have been going on holiday together for four years.
14. I am not used to travelling alone / on my own / by myself.
15. Whose pen is on the desk ?
16. It belongs to a friend whose address I no longer have.
17. He must have moved out of town.
18. I haven't heard from him / had any news from him since last April.
19. He might even live / be living abroad.
20. I was told that his brother was still living in town.

COMMENTAIRE

2. La forme interro-négative utilise les mêmes contractions que les **question tags** qui correspondent au français *n'est-ce pas ?* En anglais courant, l'auxiliaire **will** est fréquemment employé à la place de **shall** au futur et, à la forme affirmative (cf. phrase 5), c'est la contraction **'ll** qui correspond au futur (de même que **'d** au conditionnel) pour toutes les personnes.

3. Lorsque le verbe *attendre* est suivi d'une expression de temps (date, jour, etc.) qui a la fonction d'un complément circonstanciel plutôt que d'un complément d'objet direct, il se traduit par **to wait until** et non par **to wait for**. Cf. phrase 10.

6. □ éviter la traduction littérale (qui est très rare et utilisée surtout dans le registre militaire) par **18 hours**. ◇ *6 h* (du matin), **6 a.m.** ; *6 h* (du soir) = *18 h* = **6 p.m.** ; ces abréviations correspondent aux locutions latines ***ante*** et ***post meridiem***, *avant* et *après midi*.

9. Dans ce genre de contexte **to get** se substitue fréquemment à **to become** (cf. ce dernier verbe dans le Vocabulaire anglais).

11. ○ **deceiving** est un faux ami qui signifie *trompeur* de même que **deceptive** ou **misleading**. Cf. *décevoir* dans la partie Vocabulaire français.

13. □ **it is four years since we went on holiday together** équivalant à **we went on holiday together four years ago** signifierait *nous sommes allés en vacances ensemble il y a quatre ans* (sous-entendu : cela ne s'est produit qu'une seule fois).

16. □ veiller à respecter l'ordre des mots qui est obligatoire après **whose**. Pour la traduction de *dont*, cf. J4 et, à propos de la syntaxe entraînée par **whose**, cf. K2.

17. On pourrait traduire littéralement **he must have left (the) town** ; **to move out**, *déménager*.

18. □ ne pas confondre **to hear from sbd**, *avoir des nouvelles de qqun*, et **to hear of sbd**, *entendre parler de qqun*.

THÈME P

1. Il a réussi à passer son examen en travaillant tout l'été.
2. J'ai bien peur qu'il ne soit plus chez lui.
3. Je dois le voir dès qu'il arrivera.
4. Il a dû me laisser un message.
5. J'aimerais mieux le voir pour en parler.
6. De mes deux frères, Pierre est le plus grand.
7. Je serais venu si tu me l'avais dit.
8. Il ne nous a pas rendu visite depuis Noël.
9. Je veux qu'il vienne le plus tôt possible.
10. Il ne m'a pas écrit depuis deux semaines.
11. On dit que ce film est très intéressant.
12. Il va conduire sa mère à la gare pour qu'elle ne soit pas en retard.
13. En entrant dans la boutique, elle s'aperçut qu'elle avait oublié son porte-monnaie.

14. Il y a de moins en moins de touristes dans cet hôtel.
15. Ce sont de si lourdes valises ! Laissons-les ici.
16. Tu le connais bien, n'est-ce pas ?
17. Bien sûr. De plus, je l'ai vu il y a deux semaines.
18. Je ferais mieux de réserver mes billets tout de suite.
19. Ils risquent de coûter plus cher le mois prochain.
20. Jean se demande encore s'il pourra partir avec moi.

CORRIGÉ

1. He succeeded in passing his exam by working all summer / during the whole summer.
2. I am afraid he will no longer be at home.
3. I must / I've got to / I am to / see him as soon as he arrives.
4. He must have left me a message.
5. I would rather see him to talk about it.
6. Pierre is the taller of my two brothers.
7. I would have come if you had told me.
8. He has not visited us since Christmas.
9. I want him to come as soon as possible.
10. He has not written to me for two weeks.
11. This film is said to be very / quite interesting.
12. He'll drive his mother to the station so that she won't be late / to make sure that she won't be late.
13. (Up)on entering the shop, she realized that she had forgotten her purse.
14. There are fewer and fewer tourists in this hotel.
15. They / These are such heavy suitcases ! Let's leave them here.
16. You know him well, don't you ?
17. Of course. Moreover, I saw him two weeks ago.
18. I had better book my tickets right now.
19. They may be more expensive next month.
20. Jean is still wondering whether / if he'll be able to go with me.

COMMENTAIRE

1. Cf. *passer* (un examen) dans la partie Vocabulaire français. Le *gérondif* exprimant ici le moyen, il est introduit par **by** + forme en **-ing**. Quand il exprime une action simultanée, il est introduit par **while**. *Il écoutait la radio en travaillant*, **He was listening to the radio while working.** Lorsqu'il exprime une action immédiatement consécutive, il est introduit par **on** ou **upon** : cf. phrase 13.

2. Le subjonctif est ici traduit par l'indicatif futur sans négation : cf. N7.

3. Si *je dois* exprime une nécessité, on le traduira par **I must, I have to** ou **I've got to**. S'il équivaut à un « futur de convention » (cf. C17), laissant entendre qu'un rendez-vous a été pris, il sera traduit par **I am to**.

6. Cf. L2 pour la traduction du comparatif de supériorité qui porte sur *deux* objets ou personnes (p. 185).

12. Ici encore, le subjonctif peut être rendu par un futur introduit par **so that** (cf. N13). Mais on peut également traduire la subordonnée de but introduite par *pour... ne pas* de façon plus idiomatique à l'aide d'expressions telles que **to make sure that** (*pour s'assurer qu'elle ne serait pas*). Dans d'autres contextes, on pourrait avoir recours à des verbes comme **to avoid** ou **to prevent**.

13. À propos des équivalents du gérondif français, cf. phrase 1.

15. ☐ l'exclamation porte sur le substantif, si bien que l'on peut rapprocher cette phrase de *ce sont de telles valises*, **these are such suitcases** ; **so** ne peut pas précéder un nom mais seulement un adjectif ou un adverbe : **they are so heavy !**, *elles sont si lourdes !* ; **he walks so slowly**, *il marche si lentement*. Cf. C18.

19. Lorsque *risquer* n'implique pas un réel danger mais indique une simple éventualité (qu'elle soit ou non souhaitable), il se traduit par la modalité **may** ou **might**. « They risk to cost more » est une traduction littérale à éviter absolument.

THÈME Q

1. Je n'ai toujours pas les renseignements que vous m'avez demandés.
2. Quel mauvais temps ! On se croirait en novembre !
3. Il a beaucoup changé depuis la dernière fois que je l'ai vu.
4. Il a quitté la France depuis deux mois.
5. Il vient d'arriver de Londres et il va repartir pour New York d'ici deux jours.
6. Crois-tu vraiment que cela vaut la peine d'essayer ?
7. Il ne refusera pas de m'aider, n'est-ce pas ?
8. Lequel des deux pull-overs porteras-tu aujourd'hui ?
9. Je mettrai le rouge car il est beaucoup plus chaud.
10. Il fait de plus en plus froid depuis une semaine.
11. Je me demande si nous pourrons aller à la campagne vendredi prochain.
12. Il y a déjà près de trois semaines que je lui ai écrit et il ne m'a toujours pas répondu.
13. À qui as-tu prêté ton magnétophone ?
14. Tu ferais mieux de l'appeler dans une heure car je crois qu'il sera chez lui.
15. Il est surprenant qu'il ne soit pas déjà chez lui.
16. Il veut que j'aille le chercher à la gare demain soir.
17. Je crois que nous irons voir le film dont tu m'as parlé.
18. Je ne pourrai pas te prêter d'argent. Il ne me reste que dix francs.
19. S'il arrivait avant moi, dites-lui que je serai ici à 6 heures.
20. Il m'a fait attendre pendant plus d'une heure.

CORRIGÉ

1. I still don't have the information you asked (me) for / which you asked from me.
2. What bad weather ! One would think that / It looks as if we were in November !
3. He has changed very much / a lot since I last saw him.
4. He left France two months ago / He has been out of France for two months.

5. He has just arrived from London and he is going to return / to go back to New York within two days / in two days' time.
6. Do you really think that it's worth trying ?
7. He won't refuse to help me, will he ?
8. Which of the two pullovers / Which pullover will you be wearing / wear today ?
9. I'll put the red one on as / because it is much warmer.
10. It has been getting colder and colder for a week.
11. I wonder / I'm wondering whether / if we'll be able to go to the country next Friday.
12. I wrote to him about three weeks ago already / It is already nearly three weeks since I wrote to him and he still hasn't answered to me / and he hasn't answered to me yet.
13. Who(m) did you lend / have you lent your tape-recorder to ?
14. You'd better call him in an hour ('s time) because I think that he will be at home.
15. It is surprising that he should not be (at) home yet / already.
16. He wants me to fetch / meet him at the station tomorrow night.
17. I think that we'll go and see the film you talked to me about / you told me about.
18. I won't be able to lend you (any) money. I have only / but 10 francs left.
19. Should he arrive before me / before I do, tell him that I'll be here at 6 (o'clock).
20. He kept me waiting for over an hour / He had me wait for more than an hour.

COMMENTAIRE

1. ☐ veiller à traduire l'adverbe *toujours* par l'équivalent approprié, en n'ayant recours à **always** que dans les

contextes où ce terme correspond à *tout le temps*, *en permanence*. Pour avoir tous ses équivalents, cf. *toujours* dans la partie Vocabulaire français et *encore* sous T11.

2. Cf. D8 sur l'emploi de l'article après **what**.

4. ☐ *depuis* ne peut pas ici se traduire par « for two months » puisqu'il ne continue pas à quitter la France : **ago** mesure le temps écoulé depuis son départ. La seconde traduction dit qu'il est *hors de France* (et continue de l'être) depuis deux mois, d'où l'emploi de **for** et du present perfect.

9. *beaucoup*, employé devant un comparatif de supériorité, peut également se traduire par **far**. **It is far more interesting**, *c'est beaucoup plus intéressant* ; **it is much shorter**, *c'est bien plus court*.

15. Le subjonctif se traduit ici par **should**.

16. ☐ **to fetch sbd** correspond au français *aller chercher qqun*, mais **to meet sbd** est fréquemment un équivalent idiomatique de cette expression. Cf. *rencontrer* dans la partie Vocabulaire français. Le mot **night** a des emplois beaucoup plus fréquents que le français *nuit* et il se substitue souvent à **evening**. Ainsi, **I met him last night**, *je l'ai rencontré hier soir*, pourra s'employer même si la rencontre a eu lieu vers 19 heures. Dans la phrase 16, on aurait pu également dire **next evening** mais pas « tomorrow evening ».

18. **but** est l'équivalent du français *ne... que*.

19. **should he arrive** (= **if he should arrive**) est une tournure fréquemment employée lorsque l'on veut mettre l'accent sur une éventualité que l'on envisage. **If he arrived** serait grammaticalement correct mais n'impliquerait pas *la notion de hasard*. **Should the occasion arise...**, *si l'occasion se présentait (venait à se présenter)*.

20. **he kept me waiting** est une tournure plus idiomatique que **he had me wait**.

THÈME R

1. À qui penses-tu qu'il aurait pu l'emprunter ?
2. J'aimerais bien t'aider mais je n'en ai aucune idée.
3. Il ne te reste pas beaucoup de temps pour t'en occuper.
4. En fait, je n'ai pas vu Pierre depuis ce jour-là.
5. Il y a plus de trois semaines que tu m'en as parlé.
6. En tout cas, il est le seul à s'intéresser à la littérature allemande, n'est-ce pas ?
7. Il m'a promis qu'il me rendrait ce livre au bout d'une semaine.
8. Je n'ai pu m'empêcher de lui demander pourquoi il en avait besoin.
9. Quoi qu'il dise, il ne faut pas le croire.
10. Tu ferais mieux d'en parler à son frère.
11. J'ai bien peur que cela ne serve à rien.
12. Tu n'apprendras sans doute rien de plus que ce que tu sais déjà.
13. Personne n'a jamais essayé de lui faire comprendre qu'il devait changer.
14. Il faut que je fasse laver ma voiture.
15. Est-ce que cela vous dérange si je fume ?
16. Pas du tout. Vous pouvez fumer si vous voulez.
17. Comme il travaille bien depuis trois mois !
18. On dit même qu'il n'a jamais tant travaillé.
19. Il m'a demandé où étaient ses livres.
20. Personne ne sait à qui est ce sac.

CORRIGÉ

1. Who(m) do you think he might have borrowed it from ?
2. I wish I could help you but I have no idea (about it).
3. You don't have much time left to take care of it / to attend to it.
4. In fact, I haven't seen Pierre since that day.
5. It is more than three weeks since you talked to me about it.
6. Anyway, he is the only one to be interested in German literature, isn't he ?

7. He promised me that he would give me back this book within a week.
8. I couldn't help asking him why he needed it.
9. Whatever he says, he must not be believed / one must not believe him.
10. You had better talk to his brother about it.
11. I am afraid this will be of no use / useless / this won't be of any use.
12. You will certainly hear no more / No doubt, you won't hear any more than you already know.
13. Nobody has ever tried to have / make him understand that he had to change.
14. I must have / I need to get my car washed.
15. Do you mind my smoking / if I smoke ?
16. Not at all. You may smoke if you wish.
17. How hard he has been working for three months !
18. It is even said that / People even say that he has never worked so much.
19. He asked me where his books were.
20. Nobody knows whose bag this is.

COMMENTAIRE

1. ☐ veiller à employer la préposition qui convient : **to borrow sth from sbd**, *emprunter qqch. à qqun.* ⊖ « to sbd » est impossible, de même qu'avec des expressions verbales telles que **to buy sth from sbd**, *acheter qqch. à qqun*.
2. **I would like to help you** est une tournure grammaticalement correcte mais qui exprimerait une volonté, une disposition (= **I am willing to help you**) plutôt que la nuance de *regret*, l'impossibilité exprimée par **I wish I could** (m. à m. *je souhaiterais pouvoir*).
3. ○ **to attend to sbd / sth** signifie *s'occuper de qqun / qqch.* Cf. **to attend** dans le Vocabulaire anglais et *assister* dans le Vocabulaire français.
6. ☐ les adjectifs de nationalité s'écrivent toujours avec une majuscule (**German**, **French**, **American**, etc.) et **literature** ne prend qu'un **t** en anglais.

9. ☐ ne pas confondre *quoi que...* en deux mots avec la conjonction *quoique*, synonyme de *bien que* qui se traduit par **though** ou **although**. À noter d'autres composés en **-ever** : **whoever calls will be welcome,** *quiconque appellera / qui que ce soit qui appelle sera bienvenu* ; **I'll be glad to see you whenever you come,** *je serai content de vous voir quel que soit le moment où vous veniez* ; **we'll take whichever / whatever flight leaves earlier,** *nous prendrons le premier vol qui partira* (**whichever** implique un choix possible entre *deux* vols, **whatever** signifie un vol *quelconque*).

14. **to get** remplace souvent **to have** dans la tournure **to have sth done** (**by sbd**), *faire faire qqch. (à qqun)* dans la langue parlée. **I have to have my car washed** reste possible malgré la répétition que comporte cette construction.

16. C'est la formule grammaticalement la plus correcte qui est ici proposée puisque **may** exprime une idée de permission et **will** la volonté. Dans un usage plus familier, on entendra **you can smoke if you want to.**

17. **how well**... serait possible mais moins idiomatique que la formule proposée qui s'appuie sur l'expression **to work hard**.

18. **he is even said** pourrait remplacer la tournure impersonnelle introduite par **it**, mais il faudrait continuer la phrase par un infinitif : **to have never worked so much.**

19. ☐ « ... where were his books » est impossible puisque la phrase à traduire est au style *indirect*, d'où pas d'inversion du sujet.

THÈME S

1. J'aurais bien voulu être là lorsqu'il est arrivé.
2. Nous aurions dû l'attendre chez lui.
3. Tant qu'il sera ici, nous ne pourrons pas discuter librement.
4. Je préférerais aller aux Etats-Unis cette année.
5. Rien ne sert de préparer ton voyage si tôt.
6. Il faudra que nous les appelions ce soir, n'est-ce pas ?

7. Je n'ai pas envie de regarder la télé. — Moi non plus.
8. Il fait beaucoup plus froid que l'an dernier.
9. On dit qu'elle est la plus grande féministe du XXe siècle.
10. Je n'ose pas le déranger si tard.
11. Ils se connaissent depuis plus de cinq ans.
12. Je veux bien lui prêter mon disque jusqu'à mercredi prochain.
13. S'il était venu avec nous, il aurait pu nous en parler.
14. Je ne l'ai pas vu depuis Pâques.
15. Nous ferions mieux d'essayer encore une fois.
16. Qu'il demande à Paul de lui expliquer cela !
17. C'est un garçon si timide !
18. Il faut s'occuper de cet enfant.
19. Ne t'en fais pas ! Je suis sûr qu'il arrivera assez tôt.
20. Il y a trois millions d'habitants dans cette ville.

CORRIGÉ

1. I wish I had been there when he arrived.
2. We should / We ought to / have waited for him at his home.
3. As long as he is here, we won't be able to talk freely.
4. I'd rather go / I would prefer to go to the United States this year.
5. Preparing your trip so soon is useless / is (of) no use.
6. We'll have to call them tonight, won't we ?
7. I don't feel like watching TV. — Neither do I / I don't either.
8. It is much colder than last year.
9. She is said to be the greatest feminist of the twentieth century.
10. I dare not disturb / I do not dare to disturb him so late.
11. They have known each other for more than five years.
12. I am willing to lend him my record until next Wednesday.
13. If he had come / Should he have come with us, he could / might have talked to us about it.
14. I haven't seen him since Easter.
15. We had better try once more / one more time.

16. Let him ask Paul to explain that to him.
17. He is such a shy boy !
18. This child must be taken care of.
19. Don't worry ! I am sure that he will arrive soon enough.
20. There are three million inhabitants in this town.

COMMENTAIRE

1. Au conditionnel présent, *je voudrais bien être là lorsqu'il arrivera*, la phrase donnerait **I wish I was / were there when he comes**. Cf. l'équivalent de *vouloir bien* dans la phrase 12.
2. Dans la langue familière, *chez lui* pourrait se dire **at his place**.
3. C'est le présent qui remplace le futur dans la subordonnée de temps introduite par la conjonction *tant que*. Cf. A3, p. 144.
6. À propos de la traduction de *ce soir*, cf. Q16 ; **shan't we** est grammaticalement plus correct que **won't we** puisque **shall** est l'auxiliaire du futur qui convient en principe à la première personne du singulier et du pluriel.
7. □ éviter deux fautes fréquentes : l'emploi de « to look at » qui signifierait *regarder* le poste de télévision et non l'*émission* qui serait diffusée ; l'emploi de l'article défini **the** : « to watch the TV / the television » est impossible alors qu'on dit bien **to listen to the radio**, *écouter la radio*. Cf. K9. Pour la différence de prononciation anglaise et américaine de (**n**)**either**, cf. **either** dans la partie Prononciation, p. 252.
8. À propos de la traduction de *beaucoup / bien* devant un comparatif de supériorité, cf. Q9, p. 199.
9. Cf. les multiples équivalents de *grand* dans la partie Vocabulaire français.
12. *je veux bien* signifie ici *je suis disposé / prêt à*, d'où la traduction par **I am willing / ready to** ; □ le substantif **a record** se prononce ['rekɔ:d]. Cf. cette entrée dans la partie Prononciation.

18. À propos de l'emploi du passif avec les verbes intransitifs tels que **to take care of sbd**, cf. E17. A la voix active, on aurait pu dire : **one must take care...** ou employer un pronom (**we**, **you**, **they**).

20. ⊖ « three millions of inhabitants » est impossible. Lorsqu'ils sont précédés d'un chiffre ou d'un nombre précis ou bien de termes tels que **a few** (*quelques*), **several** (*plusieurs*), **many**, des quantificateurs comme **dozen** (*douzaine*), **hundred**, **thousand**, **million** et **billion** (*milliard*) sont invariables comme des adjectifs, ils ne prennent pas d'**s** et ne sont pas suivis de **of** : **two dozen eggs**, *deux douzaines d'œufs* ; **a few hundred miles**, *quelques centaines de miles* ; **ten thousand francs**, *10 000 francs* ; **fifty five million people**, *55 millions de personnes* ; **thirty billion dollars**, *30 milliards de dollars*. Lorsque ces quantificateurs sont des noms et qu'ils indiquent une *approximation*, ils prennent un **s** et sont suivis de **of** : **dozens of stamps**, *des douzaines de timbres* ; **hundreds of people**, *des centaines de personnes* ; **thousands of demonstrators**, *des milliers de manifestants* ; **billions of dollars**, *des milliards de dollars*.

THÈME T

1. Pense à ce que Paul t'a dit quand tu seras à Paris.
2. J'ai fait une trop grosse faute.
3. Elle enseigne dans cette école depuis plus de cinq ans.
4. Quelle est la hauteur de la tour Eiffel ? — Je n'en ai pas la moindre idée.
5. Comme il est en retard ! Il est pire que son frère.
6. On a dit à tous les élèves que l'école serait fermée jusqu'à la semaine prochaine.
7. Il viendra nous voir ce soir, n'est-ce pas ?
8. Qu'elle lui donne mon adresse pour qu'il m'écrive en Allemagne.
9. Il a déjà oublié tout ce qu'il a appris l'an dernier.
10. Ils se demandent s'ils pourront se revoir l'été prochain.

11. Il y a peu de chambres et encore moins d'appartements à louer sur le campus.
12. Chaque fois que nous allions dans ce restaurant, il commandait du poisson et des frites.
13. Nous aurions dû acheter cette bouteille de whisky ailleurs.
14. Tu devrais lui faire réparer ton vélo.
15. La plupart des gens habitent en banlieue.
16. Il sera là dès le 13 avril.
17. Il s'est fait couper les cheveux la semaine dernière.
18. Notre groupe participera à l'expérience.
19. Le chocolat me rend malade.
20. J'ai assisté à une réunion de deux heures.

CORRIGÉ

1. Think of what Paul told you when you are in Paris.
2. I have made too big a mistake.
3. She has been teaching in this / that school for more than five years.
4. How high is the Eiffel Tower ? — I haven't got the slightest idea.
5. How late he is ! He is worse than his brother.
6. All (the) pupils were told that the school would be closed until next week.
7. He'll come to see us / and see us / He'll visit us tonight, won't he ?
8. Let her give him my address so that he may write to me in Germany.
9. He has already forgotten all that / everything he learnt last year.
10. They wonder if / They're wondering whether they'll be able to see each other again / to meet again next summer.
11. There are few / not many rooms and still / even fewer flats (US apartments) to rent on campus.
12. Every time we went to this restaurant, he would order fish and chips (US French fries).
13. We should have / We ought to have bought this bottle of whisky elsewhere.

14. You should / You ought to have him repair your bike.
15. Most people / Most of the people live in the suburbs.
16. He will be here as early as April 13(th).
17. He had his hair cut last week.
18. Our group will participate in / take part in / share in the experiment.
19. Chocolate makes me sick.
20. I attended a two-hour / a two hours' meeting.

COMMENTAIRE

1. ⊖ « to think to sth » et « to think at sbd » sont impossibles ; *penser à qqch. / qqun* ne peut se traduire que par **to think of sth / sbd** qui peut également avoir le sens de *se rappeler* ou *avoir une opinion* : **I can't manage to think of that word**, *je n'arrive pas à retenir ce mot* ; **what do you think of going to the cinema ?**, *est-ce que ça te tenterait d'aller au cinéma ?* ; **I don't think much of it**, *ça ne me dit pas grand-chose*.

2. La construction calquée sur le français « a too big mistake » est impossible, l'article devant précéder immédiatement le substantif. Devant un adjectif *trop* se traduit tout simplement par **too** : **it's too short / too difficult**, *c'est trop court / trop difficile*. Devant un participe passé, cet adverbe se traduit par **too much** : **she was too much used to it**, *elle y était trop habituée* ; **he was too much astonished to react**, *il fut trop étonné pour réagir*. Devant un substantif dénombrable, il se traduit par **too many** et par **too much** devant un indénombrable :
there were too many people, *il y avait trop de monde* ; **I've got too much work**, *j'ai trop de travail*.
de trop se traduit par **too many** : **there's one fork too many on the table**, *il y a une fourchette de trop sur la table*. Pour la traduction de *en trop*, cf. C9.

6. L'emploi de l'article défini devant **pupils** se justifierait par une *particularisation* implicite : il ne s'agit pas de *tous* les élèves de la région ou du pays en général mais seulement de **all the pupils (of the / this school)**, *tous les élèves (de cette école)*. Dans cette phrase, **the** est indispensable devant **school**. En revanche, il ne serait pas employé dans **school is over**, *l'école est finie*, qui a une portée et un sens plus général : *les cours sont terminés*. Sur l'emploi de l'article défini, cf. également T11 et surtout T19.

7. ☐ **to visit sbd** a le sens d'*aller voir qqun*, *rendre visite à qqun*, qui peut se rendre également par **to pay a visit to sbd**.

8. Dans cette subordonnée de but, *pour que* + subjonctif se traduit par **so that** + **may**.

11. **on the campus** est non seulement possible mais même plus correct du strict point de vue grammatical puisque la constatation ne concerne que *ce campus en particulier*. Cependant, la formule **on campus** est employée avec une grande fréquence car elle est aussi idiomatique que **in town** (= **in this / the town**), *en ville*.
encore précédant un comparatif se traduit par **still** ou **even**. Pour les équivalents de *toujours*, cf. cette entrée dans la partie Vocabulaire français et Q1, p. 198.

12. À propos de **would** fréquentatif, cf. H 15, p. 173.

14. En américain, **to fix** est un équivalent familier de **to repair**.

15. **most people** est de loin la traduction la plus courante ; **most of the people**, qui est grammaticalement possible, ferait référence à *des gens* en particulier.

16. ☐ « as soon as » est ici impossible puisque c'est une conjonction qui doit précéder un verbe.

17. Sur la traduction de *faire* + infinitif, cf. A11.

18. Cf. l'entrée *expérience* dans le Vocabulaire français.

19. Sur l'article défini, cf. T 6, T 11, ainsi que le chapitre consacré à cette question au début de la partie Grammaire, p. 116.

20. ☐ **to attend to sth** signifie *s'occuper de qqch*. Cf. l'entrée *assister* dans la partie Vocabulaire français.

4 ORTHOGRAPHE

4 ORTHOGRAPHE - rappel des règles

L'orthographe anglaise pose, somme toute, assez peu de problèmes dans la mesure où elle est relativement simple et rigoureuse. Certaines sources d'erreurs ne peuvent se traiter que cas par cas, qu'il s'agisse soit de mots « difficiles » (posant un problème aux Anglais eux-mêmes), soit de termes « à risque » pour les Français, puisqu'ils ont une orthographe *presque* identique dans les deux langues. C'est pourquoi une liste de ces **problem words** sera fournie à la fin de cette partie.

Ces termes particuliers mis à part, la plupart des fautes le plus fréquemment commises par les Français relèvent davantage de l'ignorance de la morphologie ou de l'accentuation que de l'orthographe à proprement parler. Il convient donc de mémoriser d'abord quelques règles importantes.

REDOUBLEMENT DE LA CONSONNE FINALE

☐ MONOSYLLABIQUES (C)CVC*

Dans les mots d'une seule syllabe constituée de la séquence consonne(s) + voyelle + consonne, (C)CVC, la consonne finale est *automatiquement redoublée* lorsqu'on ajoute les désinences **-ed**, **-ing** ou **-er**.

to can *(mettre en conserve)*, ***canned, canning, canner***
to rap *(donner un coup)*, ***rapped, rapping***
to sit, sitting, (baby) sitter ; big, bigger ; fat, fatter

N.B. : la même règle s'applique lorsque le monosyllabique commence par un groupe consonantique (une succession de deux consonnes). Il en est ainsi de **to scan**, **to wrap**, **to trap**, **to slit**, etc. ☐ **raped** et **raping** sont dérivés de **to rape** (*violer*). (Cf. monophtongues et diphtongues en Prononciation, p. 233.)

☐ MONOSYLLABIQUES CVVC, CVCC, ou CVC + e

Il n'y a pas redoublement de la consonne finale dans les mots d'une seule syllabe comportant :

- une succession de deux voyelles entre deux consonnes :
  to wait, waited, waiting ; to tear, tearing.

* C = consonne ; V = voyelle.

- deux consonnes après la voyelle :

  to hang, hanging, hanger
  to want, wanted, wanting

- un **e** après la consonne finale :

  to write, writing, writer
  to hope, hoped, hoping
  to rate, rating

☐ **hopped**, **hopping** et **hopper** sont dérivés de **to hop** (*sauter*).

DISSYLLABIQUES ET POLYSYLLABIQUES

Dans les dérivés des mots de deux syllabes et plus, on ne redouble la consonne finale du radical que si la dernière syllabe de celui-ci est accentuée.

- Non accentués sur la dernière syllabe : non-redoublement.

  to differ, differed, differing
  to develop, developed, developing, developer
  to position, positioned, positioning
  to mention, mentioned, mentioning
  to offer, offered, offering

- Accentués sur la dernière syllabe : redoublement.

  to occur, occurred, occurring, occurrence
  to defer, deferred, deferring
  to prefer, preferred, preferring
  to begin, beginning, beginner

☐ exceptions **kidnapped** et **worshipped** (GB) ; **focussed** (US).

MOTS TERMINÉS EN -L

- **Dérivés**

Dans les dérivés des mots dont le radical se termine par une seule voyelle suivie de **l**, cette consonne est toujours redoublée en anglais britannique, même si la dernière syllabe n'est pas accentuée.

to compel, compelled, compelling
to travel, travelled, travelling, traveller
(US) ***traveled, traveling, traveler ;***
to total, totalled, totalling ; (US) ***totaled, totaling***
to fulfil (contrairement à ***to fill*** qui s'écrit avec deux **l**), ***fulfilled, fulfilling***

• ***full et -ful***

Ne pas confondre l'adjectif **full** qui s'orthographie avec deux **l** avec le suffixe **-ful**, servant à former certains adjectifs ou substantifs, qui ne prend qu'un **l**.

His mouth was full.
Il avait la bouche pleine.
He took a mouthful / a spoonful.
Il prit une bouchée / une cuillerée.

◇ **beautiful**, **faithful**, **useful**, **careful**, etc.

Les adverbes correspondants redoublent le **l** par adjonction du suffixe **-ly** ; **beautifully**, **faithfully**, etc.

MOTS TERMINÉS EN -TION

• **Adjectifs**

Il n'y a pas redoublement du **n** quand on ajoute le suffixe **-al** à un nom terminé en **-tion**.

☐ sous l'influence de la terminaison française *-nnel(le)*, les adjectifs en **-nal** sont souvent orthographiés à tort avec deux **n**.

nation, national
operation, operational
addition, additional

N.B. : il en va de même pour **person**, **personal**.

• **Adverbes**

Lorsqu'on ajoute le suffixe **-ly** pour transformer ces adjectifs en adverbes, ces derniers s'orthographient avec deux **l** mais toujours avec un seul **n**.

☐ ces problèmes de redoublement consonantique sont la source d'erreurs très fréquentes chez les Français qui ont tendance à faire l'inverse.

national, nationally
operational, operationally
additional, additionally

N.B. : il en va de même pour **personal**, **personally**.

Hormis les dérivés des noms en **-tion**, lorsqu'on forme un adverbe en ajoutant le suffixe **-ly** à un adjectif, ce dernier garde sa forme d'origine.

sincere, sincerely ***severe, severely***
faithful, faithfully ***extreme, extremely***

☐ exceptions : les adjectifs en **-able** et en **-ible** qui perdent leur **e** final.

considerable, considerably ***responsible, responsibly***
remarkable, remarkably ***incredible, incredibly***

MOTS TERMINÉS EN -Y ET -IE

• Les substantifs et les verbes terminés par une consonne suivie de **-y** forment respectivement leur pluriel et leur troisième personne du singulier en **-ies** :

daily, dailies ***baby, babies***
to carry, carries ***to try, tries***

N.B. : il en va de même pour **thirty**, etc., (**he is in his**) **thirties**.

• Lorsqu'on ajoute un suffixe à de tels mots, le **-y** se transforme en **-i** ou en **-ie** :

to marry, married, marriage
to carry, carried, carriage, carrier
to try, tried, trial ***happy, happier, happiness***
busy, busier, business ***duty, dutiable***

• Le **-y** se maintient après une voyelle et devant la désinence **-ing**.

to stay, stays, stayed, staying
to play, plays, played, playing, player
to carry, carrying ***to try, trying***

• Le radical **-ie** se transforme en **-y** devant la désinence **-ing**.

to die, dying / to lie, lying / to tie, tying

MOTS TERMINÉS EN C + E MUET

Lorsqu'on ajoute une désinence à un mot se terminant par une consonne suivie d'un **e** muet, celui-ci disparaît devant une voyelle.

to cope, coping
to hope, hoping mais ***hopeful***
to bribe, bribing
to quote, quoting, quotation
to bite, biting
to excite, exciting mais ***excitement***

☐ exceptions : **mileage**, **likeable**.

Des mots tels que **to eye, eyeing** ; **to queue, queueing** ; **to agree, agreeing, agreeable** ne constituent pas véritablement des exceptions dans la mesure où ils ne se terminent pas comme les verbes ci-dessus par un son consonantique [p], [b], [t], etc., mais par un son vocalique [aɪ], [ju:], [i:].

SUFFIXE -IZE / -ISE

L'alternance **-ize / -ise** cause, chez les Français, bien des hésitations qui ne risquent pas forcément d'entraîner de véritables fautes dans la mesure où certains mots *admettent ces deux orthographes*, du moins en anglais britannique. Dans de tels cas, **«The Oxford Guide to the English Language »** recommande de préférer la graphie **-ize** lorsque la désinence **-ise / -ize** est utilisée comme *suffixe verbal*.

Il convient cependant de respecter deux règles :

• 1) Les deux orthographes sont admises *seulement* dans les mots dont la terminaison se prononce [aiz].

☐ quand ce suffixe se prononce [ais], [is] ou [i:z], c'est la graphie **-ise** qui s'impose.

precise	[pri'sais]
(to) promise	['prɔmis]
expertise	[,ekspə:'ti:z]

• 2) Le choix n'est possible que dans le cas du *suffixe verbal* (d'origine grecque et correspondant au français *-iser*) qui ajoute à des noms et des adjectifs le sens de *rendre..., traiter avec..., agir de façon...* (+ sens du radical).

to emphasize	***to centralize***	***to mechanize***
to nationalize	***to neutralize***	***to organize***

(qui peuvent se trouver orthographiés avec un **s** au lieu d'un **z**)

☐ cette règle élimine donc :

• a) les noms en **-ise** :

compromise	***exercise***	***surprise***
disguise	***franchise***	
enterprise	***merchandise***	

• b) les verbes correspondant à un nom dont le radical comporte la séquence **-is-** ainsi que les verbes ayant une forme identique à un nom en **-ise**. Les verbes en **-ise** les plus courants sont les suivants :

advertise	***despise***	***revise***
advise	***devise***	***supervise***
arise	***disguise***	***surprise***
comprise	***exercise***	***televise***
compromise	***improvise***	

N.B. : pour les mêmes raisons de prononciation et de morphologie (2 a et b), tous les mots indiqués ci-dessus s'orthographient obligatoirement avec un **s**, même en américain.

En règle générale, l'orthographe **-ise** est rare en américain. D'où (GB) **-ise / -ize** ; (US) **-ize**.

(GB) ***to realise / to realize*** (US) ***to realize***

N.B. : dans des verbes tels que **to analyse, to paralyse,** la terminaison **-yse** n'est pas un suffixe. Elle fait partie de la racine grecque *-lyse*, de telle sorte que c'est l'orthographe en **s** qui est de règle en anglais britannique, la graphie en **z** correspondant à l'usage américain.

Il en va de même pour le suffixe nominal correspondant :

(GB) ***-isation / -ization*** (US) ***-ization***
(GB) ***organisation / organization*** (US) ***organization***

MOTS TERMINÉS EN -ENT ET -ENCE

Certains adjectifs et certains noms qui, en français, se terminent respectivement par le suffixe *-ant* et *-ance* s'orthographient en anglais avec un **e** au lieu d'un *a*.

independent, independence
correspondent, correspondence

☐ l'adjectif **dependent** (**(up)on**) s'orthographie bien avec un **e**, à la différence du nom **a dependant** (une personne à charge).

MOTS ORTHOGRAPHIÉS AVEC S OU C

Certains mots sont la cause d'hésitations légitimes devant l'alternance **s/c**. C'est le cas, par exemple, du verbe **to practise** (US **to practice**) qui se distingue du nom **practice** ainsi que de **defence, offence** et **pretence** (GB) qui alternent avec **defense, offense** et **pretense** (US).

MOTS TERMINÉS EN -S

Certains mots se terminent en **-s**, même au singulier :

a series	*série*
a species ['spiʃi:z]	*espèce*
a works	*usine*

À signaler également **goods** qui ne s'emploie qu'au pluriel (*un produit*, **a product** et non « a good ») et **news** (*nouvelles, informations*) qui est un collectif (*une nouvelle*, **a piece of news**).

MAJUSCULES

Les majuscules qui sont, statistiquement, plus souvent employées en anglais qu'en français sont la cause de nombreuses fautes d'orthographe.

1. Leur emploi est obligatoire avec :

• les adjectifs de nationalité.
Contrairement à l'usage français selon lequel seuls les noms de nationalité prennent une majuscule, les adjectifs correspondants s'écrivent également avec une majuscule : **a French citizen, an English breakfast, a Swiss watch, Danish cheese**, etc. On écrit bien sûr avec une majuscule : **a Frenchman, an Englishman, a Swiss, a Dane**, etc.

• les noms de mois : **January, February, March**, etc.

• les jours de la semaine : **Monday, Tuesday, Wednesday**, etc.

2. Les majuscules s'emploient plus systématiquement qu'en français dans l'orthographe des titres, grades et fonctions : **General Haig, Chancellor Schmidt, the Prime Minister, Marketing Manager, a Member of Parliament (an M.P.), a Senator**, etc.

3. Elles s'emploient à l'initiale de *tous* les mots apparaissant dans les titres d'ouvrages ou les manchettes de journaux,

à l'exception éventuellement des articles et des prépositions : **« The Importance of Being Earnest »**, **« In Calgary, Triumph And Tragedy »**, **« Storm Warnings Across the Sea »**.

DOUBLE ORTHOGRAPHE

Certains mots connaissent deux orthographes différentes. C'est le cas, par exemple, de **Moslem / Muslim** (*musulman*), **inquiry / enquiry** (*enquête*), **jail** [dʒeil] / **gaol** (*prison*), **draught / draft**. Dans le dernier cas, **draft** correspond à une orthographe simplifiée, presque phonétique, remplaçant **draught** dans des expressions telles que **draft beer** (*bière à la pression*) ou employée en américain au sens de *courant d'air*. Le terme est toujours orthographié **(to) draft** au sens de *conscription* ou *rédiger*.

MOTS COMPOSÉS : LE TRAIT D'UNION

• Dans certains composés (surtout adjectivaux), l'usage du trait d'union est clairement établi, dans la mesure où il a une fonction grammaticale. Il est obligatoire dans des composés tels que **a three-year-old boy, a fair-haired girl, a one-eyed man, a ready-made suit, a three-piece suit, a made-to-measure shirt**, etc.

Le trait d'union est également obligatoire dans le cas de composés adjectivaux tels que **a two-hour lecture, a ten-mile walk, a three-million-dollar contract**. Cependant, dans ce type de formations, l'apostrophe peut être employée à sa place, bien que cet usage tende à devenir plus rare que l'emploi du trait d'union.

☐ il faut alors veiller à maintenir l'**s** du pluriel avant l'apostrophe, puisque le composé n'est plus un adjectif invariable : **a two hours' lecture, a ten miles' walk, a three-million dollars' contract**.

• Dans les autres cas, en particulier celui des composés nom + nom, il n'existe pas de règle stricte qui régisse l'emploi du trait d'union. Il faut s'en remettre à l'usage, en se référant le cas échéant au dictionnaire et en tenant compte des différences d'orthographe pouvant exister entre l'usage britannique et l'usage américain.

La facilité avec laquelle il est possible de former des mots composés en anglais est caractéristique de la souplesse et du dynamisme de cette langue. Mais cette richesse n'est pas sans poser des problèmes d'orthographe. On peut certes avancer, en schématisant, que les composés s'écrivent d'abord en deux mots séparés, qu'ils s'orthographient ensuite avec un trait d'union marquant l'unité lexicale spécifique qu'ils en viennent à former, pour tendre enfin à s'écrire en un seul mot, lorsque leurs liens particuliers sont consacrés par l'usage.

Cette explication évolutive est cependant loin de rendre compte de toutes les incohérences que l'on peut relever dans la façon dont sont orthographiés les composés. **« The Oxford Guide to the English Language »** donne comme exemple les variations d'usage constatées sur un même mot :

blood cell, blood-pressure, bloodstream ou encore
oil well, oil-painting, oilfield.

• L'orthographe des composés verbe + préposition est plus prévisible. Ils ne s'écrivent jamais en deux mots, s'orthographient fréquemment avec un trait d'union (**a fall-out, a set-back**) et parfois en un seul mot (**a layoff, a turnover**). L'usage américain tend à supprimer le trait d'union (**a fall-out, a setback**).

N.B. : on forme le pluriel de ces composés en ajoutant un **s** à la préposition (**set-backs, turnovers**), tandis que dans le cas des composés nom + préposition, l'**s** s'ajoute au premier élément (**a passer-by, passers-by**).

ORTHOGRAPHE AMÉRICAINE

Mis à part quelques mots isolés présentant une orthographe particulière et dont une liste sommaire est fournie plus bas, il convient de signaler des différences orthographiques qui sont plus généralisées entre anglais britannique et anglais américain.

• Terminaisons en **-ter**, **-am**, **-og**, **-or**.

Les mots terminés en **-tre**, **-ogue** en anglais britannique sont orthographiés en **-ter** et **-og** en américain.

(GB) ***centre, theatre, dialogue, catalogue***
(US) ***center, theater, dialog, catalog***

N.B. : la graphie britannique est, dans ces cas, identique à l'orthographe française. Il en va de même pour le couple (GB) **programme** / (US) **program**.

☐ la graphie « programm », souvent utilisée à tort par les Français, n'existe pas.

Les mots terminés en **-our** en anglais britannique se terminent en **-or** en américain.

(GB) ***neighbour, colour, harbour, labour, favour***
(US) ***neighbor, color, harbor, labor, favor***

• Non-redoublement du **-l** final.

Quand on ajoute la terminaison **-er**, **-ed** ou **-ing** à des mots terminés par **-l** et non accentués sur la dernière syllabe, cette consonne finale n'est pas redoublée en américain.

(GB) ***traveller, dialled, totalling***
(US) ***traveler, dialed, totaling***

• Suffixe **-ize**.

Dans tous les cas signalés plus haut où le choix est possible entre **-ise** et **-ize** et où l'anglais britannique préfère **-ise**, c'est le suffixe **-ize** qui s'impose aux Etats-Unis. La graphie **-ise** est donc rare en américain, puisque même des termes tels que **advertise** se trouvent parfois orthographiés **advertize**.

• Mots isolés.

Certains termes isolés présentent des différences orthographiques en américain :

GB	US
aluminium	***aluminum***
cheque	***check***
jewellery	***jewelry***
pyjamas	***pajamas***
tyre	***tire***

• Simplifications orthographiques.

De façon générale, l'américain est caractérisé par une tendance à la simplification orthographique qui donne aux lettres une valeur « phonétique ». Si ce phénomène est loin d'être légitimé par le bon usage, il est particulièrement remarquable dans les enseignes, les noms de marque et la publicité.

À titre d'exemple, **nite** et **lite** pour **night** et **light** ; **thruway** pour **throughway** (*autoroute, rue prioritaire*) ; **Bar-B-Q** pour **barbecue** ; **E-Z haul** pour **easy haul** (littéralement *déménagements faciles*, à faire soi-même en louant une camionnette), la lettre **z** étant prononcée [zi:] aux Etats-Unis et [zed] en Grande-Bretagne.

COUPE SYLLABIQUE ET ABRÉVIATIONS

La syllabe n'est pas définie de la même façon en anglais et en français. En anglais elle correspond au schéma CVC par opposition au schéma français (le plus souvent) CV.

Il faut tenir compte de cette distinction dans les coupes syllabiques que l'on est amené à effectuer en fin de ligne dans la présentation d'un texte manuscrit ou dactylographié.

Le mot **laboratory** [ˌlə'bɔrətri] par exemple sera décomposé en **lab-or-at-ory**, tandis que son homologue français *laboratoire* se trouvera ainsi découpé : *la-bo-ra-toi-re*.

Les abréviations correspondantes seront respectivement **a lab** et *un labo*.

Selon le même principe syllabique, on rapprochera *métropolitain / le métro* de **metropolitan / the Met** (= **the Metropolitan Museum of Art** de New York) ; *vétérinaire / un véto* de **veterinarian / a vet**.

A mike, abréviation de **microphone** ['məikrə,fəun] (*un micro*), ne fait pas exception à cette règle, dans la mesure où elle correspond à l'orthographe pour ainsi dire « phonétique » de la première syllabe [maik] de ce mot (voir le paragraphe Monophtongues et diphtongues, dans la partie Prononciation, p. 232).

4 ORTHOGRAPHE - problem words

On trouvera ci-dessous une liste alphabétique de mots « à risque », difficiles à classer, et qui posent fréquemment des problèmes d'orthographe aux Français, surtout lorsqu'il s'agit de termes qui ont un homologue *presque* semblable en anglais.

ACCOMMODATE, ACCOMMODATION

(*loger, logement*)

Le redoublement du **m** est souvent oublié, même par les Anglo-Saxons, y compris dans les textes imprimés.

ADDRESS

Contrairement à son homologue français, ce mot s'orthographie avec deux **d**.

AGGRESSIVE

Cet adjectif, ainsi que tous les autres mots de la même famille (**to aggress**, **aggression**, **aggressiveness**), s'orthographient avec deux **g**.

ANALYSIS [ə'nælisis]

Le pluriel de ce mot est irrégulier et s'orthographie **analyses**, sa terminaison étant prononcée avec un **i** long et une finale sonore : [ə'nælisi:z].
Cette terminaison en **-ses** [-si:z] caractérise également le pluriel de **crisis**, **thesis**, **hypothesis**, etc.

BLOC(K)

Ce mot a deux orthographes distinctes selon son sens.

- **block** s'emploie au sens propre, physique du terme.

a block of granite	*un bloc de granit*
a block of flats	*un immeuble (d'habitation)*

- **bloc** s'emploie au sens figuré, souvent dans son acception politique ou partisane.

the two blocs / the Soviet bloc	*les deux blocs / le bloc soviétique*

BORNE

Ne pas confondre ce terme avec **(to be) born**, *naître* ; **borne** est le participe passé de **to bear**, **I bore**, *porter*, *supporter*.

4 ORTHOGRAPHE - problem words

He was born in New York. *Il est né à New York.*
Shipping costs will be borne by the consignee.
Les frais d'expédition sont à la charge du (seront supportés par le) destinataire.
airborne troops *des troupes aéroportées*

BRILLIANT

À la différence du français *brillant*, cet adjectif prend un **i** après le groupe **-ill-**. Il se prononce ['briljənt].

CHARACTER

Le **h** est souvent omis par erreur dans la graphie de ce substantif ainsi que dans des dérivés tels que **characteristic**, sous la double influence du français *caractère* et de la prononciation [kæ] de sa première syllabe.

CAREER [kə'riər]

Contrairement au français *carrière*, ce nom ne prend qu'un seul **r**. Il est souvent confondu avec **carrier**, *transporteur*, qui se prononce ['kæriər]. Son accent tonique porte sur la deuxième syllabe.

CATASTROPHE [kə'tæstrəfi]

Ce mot est souvent orthographié avec un **y** au lieu du **e** final en raison de la prononciation de sa dernière syllabe [fi].

CLOTHES / CLOTHS

Ne pas oublier le **e** dans le mot **clothes** [kləuðz], *vêtements*, qui ne s'emploie qu'au pluriel (singulier **a garment**).
a cloth, pluriel **cloths** [klɔθs], signifie *toile*, *chiffon*.

COMFORTABLE

Cet adjectif s'orthographie avec un **m** et non un **n**, comme en français.

COMPARISON

Veiller à orthographier la troisième syllabe de ce mot **ri** et non « rai » comme en français.

COMPLETELY

Veiller à ne pas oublier le **e** final de l'adjectif qui ne disparaît pas lorsqu'on lui ajoute le suffixe **-ly** pour former cet adverbe. Voir p. 212, Adverbes.

(TO) CONTROL [kən'trəul]

Qu'il soit verbe ou substantif, la terminaison de ce mot s'orthographie bien avec un seul **l** et sans **e**. Quand on lui ajoute le suffixe **-ed**, **-ing** ou **-er**, le **l** final est redoublé, puisque c'est la dernière syllabe qui porte l'accent (voir Redoublement de la consonne finale, p. 210).

CORRESPONDENT / CORRESPONDENCE

Contrairement à leurs homologues français *correspondant* et *correspondance*, ces termes s'orthographient avec un **e** en anglais.

CRITERION [krai'tiəriən]

Veiller à orthographier correctement la dernière syllabe de ce mot. ⊖ « criterium » n'existe pas en anglais.
Il a un pluriel irrégulier, **criteria**, à rapprocher de **phenomena**, pluriel de **phenomenon**.

DEPENDENT

Comme on l'a vu plus haut, cet adjectif s'orthographie avec un **e** et non un **a**.
En revanche, le substantif **dependant**, *personne à charge*, prend un **a**. La graphie **dependent** est tout de même possible dans ce cas, bien qu'elle soit rarement employée.

DEVELOPED [di'veləpt]

Ce terme peut être le participe passé du verbe **to develop** ou un adjectif :

developed countries	*les pays développés*
less-developed countries / LDCs	*les pays en voie de développement*

☐ il ne s'écrit jamais avec deux **p**, puisque la dernière syllabe du verbe n'est pas accentuée.
La même règle de non redoublement s'applique à **developing** et à **developer**.

developing nations	*pays en voie de développement*
land developer	*promoteur immobilier*

DEVELOPMENT

Veiller à ne pas ajouter un **e** entre le radical et le suffixe de ce nom. Il est formé par simple adjonction du suffixe **-ment** au radical **develop**.

ENEMY

Contrairement à son homologue français, ce nom ne prend qu'un seul **n**.

ENGINEER

Les fautes d'orthographe les plus diverses sont d'une fréquence extrême sur ce mot. La méthode la plus sûre pour les éviter consiste à ne pas se référer à son homologue français *ingénieur*, mais plutôt à prendre pour base son radical **engine** (qui ne pose aucun problème d'orthographe) et à lui ajouter le suffixe **-er**.

ENVELOPE

À la différence de son homologue français, ce substantif s'orthographie avec un seul **p** en anglais.

EXAMPLE

Contrairement au français *exemple*, ce terme s'écrit avec un **a** et non un **e**.
C'est l'inverse qui se produit dans le cas du verbe **to exemplify**.

EXERCISE

Qu'il soit employé comme un nom ou comme un verbe, ce terme se termine bien en **-se** et non en **-ce**.

HOLIDAY / HOLLYWOOD

Bien que ce substantif résulte de la combinaison de l'adjectif **holy** et du nom **day** (littéralement *jour saint*), il s'orthographie avec un **i** après le **l** (voir plus haut Mots terminés en **-y**, p. 213).
En revanche, le nom de la capitale du cinéma américain s'écrit avec deux **l** suivis d'un **y** : **Hollywood**. L'étymologie de ce mot vient en effet de **holly**, *houx*.

INDEPENDENCE

Contrairement à son homologue français, la dernière syllabe de ce substantif (ainsi que celle de l'adjectif **independent**) prend un **e** et non un **a** (voir plus haut).

LITERATURE

Ce nom, ainsi que tous les mots de la même famille (**literary**, **literal**, **literate**, **literacy**, etc.) s'orthographie avec un seul **t** devant le **e**.

TO LOSE

Ne pas confondre dans l'orthographe et la prononciation le verbe **to lose** [lu:z], *perdre* et l'adjectif **loose** [lu:s], *relâché*. Voir **to lose** dans la partie Vocabulaire anglais.

MEASURE

Bien que ce nom et tous ses dérivés se prononcent ['meʒər], ils s'orthographient **mea-** et non **me-**.

MEDICINE

Les Français ont très souvent tendance à assimiler ce nom à son homologue *médecine*, d'autant que sa deuxième syllabe est souvent élidée dans la prononciation : ['med(i)sin].

TO NEGOTIATE / NEGOTIATION

Veiller à bien orthographier ces deux termes ainsi que leurs dérivés avec un **t** et non un **c**, comme en français, devant le **i**.

PERSONAL ['pə:snl]

Cet adjectif s'orthographie avec un seul **n**, même dans ses dérivés.
Il ne faut pas le confondre avec le substantif **personnel** [,pə:sə'nel] qui a le même sens et la même orthographe que son homologue français.
Voir l'entrée *personnel* dans la partie Vocabulaire français.

PHENOMENON

Veiller à orthographier correctement la dernière syllabe de ce mot. ⊖ « phenomenum » n'existe pas en anglais.
Il a un pluriel irrégulier, **phenomena**, à rapprocher de **criteria**, pluriel de **criterion**.

4 ORTHOGRAPHE - problem words

PRACTICE / PRACTISE

Comme on l'a vu plus haut, le nom **practice** se distingue du verbe **to practise** en anglais britannique. En américain, le nom et le verbe ont la même orthographe : **practice**.

PRONUNCIATION

Les Français commettent l'erreur fréquente d'ajouter un **o** à la deuxième syllabe de ce nom, en l'assimilant au verbe **to pronounce**.

TO PROVE

Contrairement au substantif et au suffixe **proof**, ce verbe ne prend qu'un seul **o**.

QUIET / QUITE

Ne pas confondre l'orthographe de l'adjectif **quiet** ['kwaɪət], *calme*, avec celle de l'adverbe **quite** [kwait], *très*, *tout à fait*.

TO RECEIVE

L'orthographe correcte est **i** + **e** et non **e** + **i** (**believe, retrieve, reprieve**) sauf après **c** ◇ **receive, conceive, perceive**...

TO RECOMMEND

Ce verbe et ses dérivés (**recommendation, recommendable**) s'orthographient avec un **e** et non un **a** dans la dernière syllabe, contrairement à leurs homologues français. Cependant, **to command** a la même graphie et le même sens que le français *commander* ; tandis que **to commend** (*recommander*, *approuver* ; *faire l'éloge de*) prend lui aussi un **e**.

TO RESEMBLE

Contrairement à son homologue français, ce verbe ne prend qu'un seul **s** qui se prononce avec le son [z].

RESPONSIBLE

Cet adjectif, de même que le substantif **responsibility**, est fréquemment orthographié, à tort, avec un **a**, par assimilation au français *responsable*, *responsabilité*.

RESOURCE

Ce mot se prononce indifféremment avec une sourde ou une sonore à l'intervocalique : [ri'sɔ:s] ou [ri'zɔ:s].
Cependant, au contraire du français, il ne s'orthographie qu'avec un seul **s**.

RHYTHM ['riθəm]

Veiller à ne pas oublier le **h**, après le **r** initial.

SCISSORS

À la différence de son équivalent *ciseaux*, ce nom s'orthographie avec le digramme **sc** à l'initiale et deux **s** à l'intervocalique. Il se prononce ['sizəz].

TO STARE

Ne pas confondre l'orthographe de ce verbe (qui signifie *regarder fixement*) avec celle du nom **stair** (*marche d'escalier*).

STEAK [steik]

La finale de ce mot ne peut pas s'orthographier **ck**, en dépit de la graphie incorrecte qui lui est souvent attribuée dans ses emplois français.

STUDENT

Sous l'influence du français *étudiant*, ce nom se trouve parfois orthographié par erreur avec un **i** dans la deuxième syllabe.
En revanche, il peut se trouver prononcé sans [j] dans la première syllabe, en particulier aux Etats-Unis : ['stu:dənt] au lieu de ['stju:dənt].

SUITE

Veiller à bien orthographier ce nom (qui désigne une *suite* dans un hôtel) et à l'identifier par sa prononciation [swi:t], qui en fait un homonyme de **sweet**, *doux*.
Il se distingue également, par l'orthographe et la prononciation, de **suit**, *costume* [sju:t] ou [su:t], la deuxième prononciation étant toujours utilisée en américain.

4 ORTHOGRAPHE - problem words

TENDENCY

Veiller à ne pas orthographier la deuxième syllabe de ce mot avec un **a** comme dans le français *tendance*.

VEHICLE ['vi:ikl]

Contrairement à son homologue français, ce nom se termine en **-cle** et non en « -cule ».

WEATHER

Veiller à ne pas ajouter un **h** après le **w**, en confondant ce nom avec la conjonction **whether**.

WHETHER

Veiller à ne pas oublier le **h** après le **w**, en assimilant cette conjonction au substantif **weather**.

5 PRONONCIATION

5 PRONONCIATION - rappel des règles

Les difficultés que rencontrent les Français dans la prononciation de l'anglais sont trop nombreuses et notoirement connues pour que l'on puisse prétendre donner en quelques pages les moyens de corriger des défauts que des années d'apprentissage et de pratique n'ont pas suffi à éliminer.

Les centaines de millions de locuteurs étrangers, disséminés à travers le monde, qui utilisent cette langue sont certes loin de maîtriser toutes les finesses de sa prononciation. Mais il faut bien reconnaître que les Français sont particulièrement désavantagés dans ce domaine, en raison même des similitudes souvent trompeuses entre les deux langues. A l'opposé, il est évident que *les caractéristiques* du système phonétique et accentuel de l'anglais *qui n'existent pas en français* constituent autant d'habitudes de prononciation difficiles à acquérir et à reproduire de façon réflexe :

• Absence d'aspiration accompagnant la prononciation des consonnes occlusives sourdes : ce trait secondaire mais important qui caractérise la phonétique de l'anglais est souvent oublié. Ainsi, **pen** est prononcé comme le français *penne*, au lieu de [pʰen] ; **tablet** ['tʰæblet] est assimilé à *tablette*, etc. De même, l'explosion beaucoup plus forte en anglais des consonnes occlusives sourdes et sonores est fréquemment négligée : comparer l'attaque dure de **government** à l'initiale du français *gouvernement*.

• Absence d'opposition distinctive entre *voyelles brèves* et *voyelles longues*, d'où la tendance à prononcer par exemple **fill** avec le i du français *file*, proche du [iː] de **feel**.

• Rareté relative des *diphtongues*, d'où la tendance à prononcer par exemple le mot **code** [kəud] comme le français *code*, avec la monophtongue [ɔ] de l'anglais **cod** ou, au contraire, à diphtonguer à tort **occurred**, en le prononçant [ɔ'kjuəd] au lieu de [ə'kəːd].

• Absence d'accent tonique distinctif, d'où la tendance à *distribuer l'énergie articulatoire de façon uniforme* sur chacune des syllabes d'un mot, ne permettant pas d'opposer le nom (accentué sur la première syllabe) au verbe (accentué sur la seconde) dans une série telle que **export** / **to export**, **address** / **to address**, **accent** / **to accent**, **record** / **to record**.

Un défaut encore plus fréquent dans ce domaine consiste à *déplacer l'accent tonique*, soit vers le début du mot : ['dzæpən] au lieu de [dzə'pæn] pour **Japan** ; soit vers la fin du mot : [kən'siːkwəns] au lieu de ['kɔnsikwəns] pour **consequence** ou encore [li'tərətʃə] au lieu de ['litrətʃə], avec toutes les déformations vocaliques qu'entraînent de tels déplacements accentuels.

Enfin, au-delà des limites du mot, une accentuation trop faible au point d'être imperceptible finit par donner à la phrase un rythme monocorde, par *produire une courbe mélodique pratiquement plate*. Cette tendance est tout aussi contraire aux habitudes prosodiques de l'anglais qu'*une diction française exagérant la séparation entre les mots*.

◇ il convient donc, pour commencer, de considérer *tous* les mots, même les plus courants, comme des *faux amis phonétiques*, en vérifiant le cas échéant leur prononciation et leur accentuation.

Il faut ensuite, aussi nettement que possible, *mettre en valeur les syllabes accentuées tout en liant les mots entre eux*, c'est-à-dire respecter des temps forts (noms, verbes, adjectifs, adverbes, etc.) et glisser sur les mots grammaticaux (articles, démonstratifs, relatifs, prépositions, etc.).

> ***The whole CONversation FOCused on the need for some sort of coOPeration with deVEloping NAtions.***

(Les mots qui doivent être mis en valeur sont ceux dont les syllabes accentuées sont en majuscules.)

Cf. en rapport avec l'accent tonique la Voyelle neutre, p. 244.

Dans cette partie consacrée à la prononciation, certains rappels ou éclaircissements s'imposent d'abord sur le système vocalique, puisque c'est sur les voyelles que sont commises les fautes les plus nombreuses, en raison de leurs qualités propres autant que des liens étroits qu'elles entretiennent avec la place de l'accent tonique.

Nous traiterons ensuite de défauts de prononciation affectant des séries ou familles de mots. Enfin, seront passés en revue par ordre alphabétique des problèmes isolés qui ne concernent que des termes spécifiques, ces **problem words** qui font statistiquement l'objet d'erreurs très fréquentes.

5 PRONONCIATION - rappel des règles

À propos des voyelles, deux types d'erreurs pouvant dénaturer totalement le sens du message sont à éviter : la confusion entre voyelles longues et voyelles brèves d'une part, et entre monophtongues et diphtongues d'autre part.

VOYELLES LONGUES ET VOYELLES BRÈVES

C'est une distinction qui est d'autant plus souvent oubliée ou négligée que l'opposition entre longues et brèves ne joue pas de rôle distinctif en français. Elle est cependant essentielle en anglais, dans la mesure où elle permet à elle seule d'opposer de nombreux couples de mots, par exemple **fool** [fu:l], *sot* et **full** [ful], *plein*. Cependant, c'est l'opposition [i:] ~ [i] qui a le rendement le plus élevé, produisant le maximum de paires minimales : elle est ainsi la source des fautes les plus fréquentes et les plus graves.

[i:]		[i]	
leave	*partir*	***live***	*vivre*
lead	*mener*	***lid***	*couvercle*
beat	*rythme / battre*	***bit***	*morceau*
feel	*sentir*	***fill***	*remplir*
feet	*pieds*	***fit***	*crise / apte*
keen	*aigu*	***kin***	*parent*

Ces paires ne sont signalées qu'à titre d'exemple, la liste pouvant s'allonger presque à l'infini, surtout si l'on y inclut les dissyllabiques et les polysyllabiques présentant la même opposition.

MONOPHTONGUES ET DIPHTONGUES

Le non-respect de l'opposition entre monophtongues (un seul son vocalique) et diphtongues (combinaison d'un son vocalique auquel s'ajoute la semi-voyelle [j] ou [u]) est à l'origine d'un grand nombre d'erreurs de prononciation, accompagnées parfois de fautes d'orthographe. Or, loin de brouiller les pistes, la graphie peut pourtant constituer un guide phonétique, à condition toutefois de connaître la place de l'accent.

5 PRONONCIATION - rappel des règles

On peut, en effet, dans le cas des monosyllabiques (qui sont nécessairement accentués) ainsi que dans le cadre de la syllabe accentuée des polysyllabiques, *déduire la nature du son vocalique à partir de l'orthographe*. Inversement, il est possible de savoir si l'on doit ou non redoubler une consonne dans l'orthographe *selon que la voyelle est monophtongue ou diphtongue*. Tout dépend de l'entourage consonantique (C) accompagnant la voyelle (V).

Si la syllabe *accentuée* correspond au schéma CVC(C), la voyelle est une monophtongue. Si elle correspond au schéma CVC suivi de **e**, la voyelle est une diphtongue. Tout se passe comme si la présence d'une ou de deux consonne(s) préservait la qualité intrinsèque, monophtongue, de la voyelle qui précède, tandis que la présence d'un **e** à la suite d'une consonne provoquerait un glissement ou un dédoublement de la voyelle qui précède vers la diphtongaison.

Monophtongues CVC(C)			Diphtongues CVC + e		
can	[kæn]	*boîte de conserve*	***cane***	[kein]	*canne*
tap	[tæp]	*robinet*	***tape***	[teip]	*ruban*
cod	[kɔd]	*morue*	***code***	[kəud]	*code*
cop	[kɔp]	*flic*	***cope***	[kəup]	*faire face*
bit	[bit]	*morceau*	***bite***	[bait]	*morsure / piqûre*
writ	[rit]	*assignation*	***write***	[rait]	*écrire*
cut	[kʌt]	*réduction*	***cute***	[kju:t]	*mignon*
cub	[kʌb]	*louveteau*	***cube***	[kju:b]	*cube*

□ le tableau ci-dessus ne donne que des exemples de monosyllabiques mais la même opposition existe pour les polysyllabiques entre syllabe inaccentuée et syllabe accentuée. Dans une même séquence C**i**C**e**, le **i** peut se prononcer soit [i], soit [ai], selon que la voyelle se trouve en syllabe inaccentuée ou en syllabe accentuée.

◇ dans de tels cas, la diphtongaison ne s'effectue, en général, qu'en syllabe accentuée.

Cette règle connaît cependant quelques exceptions. On citera, à titre d'exemple, le cas de **some** et **come** qui se prononcent avec une monophtongue, [sʌm] et [kʌm], ou encore le cas de **care**, **fare** et **mare** qui se diphtonguent en [ɛə] et non en [ei] comme **came**, **fame** et **mane**, et enfin le cas du verbe **to live** [lɪv].

Syllabe inaccentuée [i]		Syllabe accentuée [ai]		
service	['sə:vis]	***vice***	[vais]	
determine	[di'tə:min]	***mine***	[main]	
promise	['prɔmis]	***demise***	[di'maiz]	*décès*
practice	['præktis]	***entice***	[en'tais]	*séduire*

☐ dans les cas de dérivation, les suffixes **-ing**, **-er** ou **-ed** ne peuvent pas s'ajouter à des radicaux CVC *sans redoublement obligatoire de la consonne finale* : CVCC. C'est ce mécanisme qui est indiqué schématiquement par la parenthèse (C) dans la colonne Monophtongues du premier tableau. Ce redoublement consonantique est indispensable pour préserver la qualité monophtongue de la voyelle, en même temps que le sens du radical.

◇ cette règle permet d'éviter des fautes d'orthographe extrêmement fréquentes en distinguant des paires telles que :

Monophtongues + CC			Diphtongues + C		
canning	['kæniŋ]	*mise en boîtes*	***caning***	['keiniŋ]	*coup de canne*
cutter	['kʌtə]	*cutter*	***cuter***	['kju:tə]	*plus mignon*
bitter	['bitə]	*amer*	***biter***	['baitə]	*« mordeur »**
occurred	[ə'kə:d]	*arriva*	***cured***	[kjuəd]	*guérit*

* Ex. : **the biter bit**, *chat échaudé craint l'eau froide*, *« le mordeur mordu »*.

Cf. également Redoublement consonantique, dans la partie Orthographe (p. 210), ainsi que ci-dessous, Voyelles nasales et Voyelle neutre (pp. 243-244), en complément d'information sur les voyelles.

DIGRAMME « AL »

⊖ la séquence orthographique de deux lettres **a** + **l** est souvent prononcée à tort [al], comme dans le français *altérer* ou *malle*.

◇ en fait, la présence d'un **l** (et encore plus fréquemment de deux **l**) après un **a** transforme cette voyelle en [ɔ:].

alter	['ɔ:ltə]			*modifier*
calm	[ka:m]			*calme*
all	[ɔ:l]	***pall***	[pɔ:l]	*linceul*
mall	[mɔ:l]			*mail / promenade publique* (US) *centre commercial*

N.B. : **The Mall**, avenue qui longe Saint James's Park à Londres, se prononce [mæl], de même que le nom du *jeu de mail*, **pall-mall**, et la marque de cigarettes, **Pall Mall**, qui se prononcent ['pæl'mæl].

Par ailleurs, **pall** [pɔ:l], *linceul*, s'oppose à **pal** [pæl], *copain*. Cf. plus bas, **l** muet, p. 236.

SUFFIXE « -ATE »

☐ les Français ont tendance à prononcer le suffixe **-ate** en diphtonguant systématiquement le **a** en [ei]. Or, la diphtongaison s'applique à tous les verbes en **-ate** mais elle ne doit pas intervenir dans la terminaison des adjectifs ou des noms qui se prononce toujours [ət].

◇ [ei]	***to deliberate***	[di'libəreit]	
	to equate	[i'kweit]	*égaler / mettre sur un même plan*
	to estimate		
◇ [ə]	***deliberate***	[di'librət]	*délibéré / intentionnel*
	estimate	['estimət]	*estimation*
	accurate	['ækjurət]	*exact*
	candidate	['kændidət]	

SUFFIXE « -AGE »

☐ ce suffixe est souvent prononcé à tort [eidʒ], alors que la diphtongaison ne peut intervenir qu'en syllabe accentuée.

◇ ainsi, des mots tels que **manage** ['mænidʒ], **village** ['vilidʒ], **advantage** [əd'vɑ:ntidʒ], **percentage** [pə'sentidʒ], **mileage** ['mailidʒ], **footage** ['futidʒ], etc., se prononcent tous avec un **i** bref monophtongue, puisque leur terminaison n'est pas accentuée.

☐ certains mots d'origine française peuvent avoir la même prononciation : **carnage** ['kɑ:nidʒ]. Mais ils peuvent se prononcer avec le son [a] de leurs équivalents français, accompagné d'un allongement de la voyelle : **sabotage** ['sæbətɑ:ʒ] ; **garage** ['gærɑ:dʒ], que l'on trouve également prononcé avec la terminaison [-ridʒ] ou [-rɑ:ʒ].

« CH » OU « SH »

Au digramme **ch** correspond en général le son [tʃ] et non [ʃ], normalement orthographié **sh**. Les paires les plus courantes s'opposant ainsi dans la prononciation et l'orthographe sont les suivantes :

« ch »		
chop	[tʃɔp]	*côtelette*
cheap	[tʃi:p]	*bon marché*
chip	[tʃip]	*copeau / puce électronique*

« sh »		
shop	[ʃɔp]	*boutique*
sheep	[ʃi:p]	*mouton*
ship	[ʃip]	*bateau*

☐ parmi les exceptions les plus courantes, retenir les mots d'origine grecque (**architect**, **mechanics**, **chaos**...) où le digramme **ch** se prononce [k] et certains emprunts à d'autres langues (**chic**, **Chicago**, **Michigan**) dans lesquels il se prononce [ʃ].

☐ le groupe consonantique **sch** se prononce en général [sk]. Voir plus bas, dans la liste des **problem words**, **schedule** et **scheme**.

CONSONNES MUETTES

Des fautes sont fréquemment commises en prononçant des consonnes qui devraient être élidées, rester « muettes ». S'il est vrai que ces sons consonantiques ne doivent pas se faire entendre, il faut respecter les modifications qu'ils peuvent éventuellement entraîner dans la prononciation des voyelles qui les entourent.

b : **climb** [klaim] **comb** [kəum] *peigne(r)*
bomb [bɔm] **tomb** [tu:m] **womb** *utérus*

(Cf. plus bas ces quatre derniers mots dans la liste des **problem words**.)

gn : ce digramme se prononce [n] en finale :
foreign ['fɔrin] **sign** [sain]

k : cette lettre est muette devant **n** :
know [nəu] **knock** [nɔk] **knife** [naif]

l : **half** [ha:f] **talk** [tɔ:k] **walk** [wɔ:k]
could [kud] **would** [wud]

n : **autumn** ['ɔ:təm]

p : dans tous les mots d'origine grecque commençant par **ps** ou **pn**, le **p** est muet :
psychology [sai'kɔlədʒi] **pseudo** ['sju:dəu]
pneumatic [nju'mætik] **pneumonia** [nju'məunjə]

t : **to hasten** ['heisn] *s'empresser*
often, normalement prononcé ['ɔfn] (parfois prononcé avec un [t] sonore, soit par affectation, soit pour mettre ce mot en valeur)
to listen **to fasten** *attacher*
to whistle *siffler*
castle *château*

w : **answer** ['ɑ:nsə] **sword** [sɔ:d] *épée*
who [hu:] **whom** [hu:m]
whole homonyme de **hole** [həul]
which, **when**, **whether**, etc., se prononcent [w] à l'initiale
wr en début de mot donne [r] : **write**, **wrap**, **wrestle**

DIGRAMME « EA »

À la suite orthographique **ea** correspond généralement un **i** long, comme dans **to lead**, **meat**, **cheap**, etc.

☐ elle peut cependant avoir deux autres prononciations :
[ei], comme dans **great** [greit] qui se distingue ainsi de **to greet** [gri:t] ;
[e], prononciation relativement fréquente dans la mesure où elle se rencontre dans des mots aussi courants que :

breadth *largeur* ***dead / death***
endeavour *effort / entreprise* ***lead*** *plomb*
he read prétérit de ***to read*** [ri:d]
sweat *transpirer* d'où **sweat-shirt**, si souvent écorché en franglais
thread *fil* ***threat*** *menace*
peasant *paysan*

☐ à ranger dans la même rubrique un mot dans lequel ce digramme est régulièrement déformé en [i:], même par les commentateurs sportifs : (**Flushing**) **Meadow** ['medəu].

5 PRONONCIATION - rappel des règles

SUFFIXE « -ED »

◇ quand il s'ajoute à un radical terminé par une consonne dentale, **t** ou **d**, le suffixe **-ed** se prononce [-tid] ou [-did], la syllabe supplémentaire devant être clairement audible.

want	[wɔnt]	***wanted***	['wɔntid]
list	[list]	***listed***	['listid]
divide	[di'vaid]	***divided***	[di'vaidid]
pad	[pæd]	***padded***	['pædid]

Dans les autres cas, la voyelle du suffixe **-ed** n'est pas prononcée et ne constitue pas le noyau d'une syllabe supplémentaire : on ajoute simplement au radical :

— un **t**, si la finale du radical est sourde :

stopped	[stɔpt]	***locked***	[lɔkt]
laughed	[lɑ:ft]	***impeached***	[im'pi:tʃt]
pressed	[prest]		

— un **d**, si la finale du radical est sonore, liquide (**l** ou **r**) ou nasale (**m** ou **n**) :

sobbed	[sɔbd]	***logged***	[lɔgd]
loved	[lʌvd]	***impinged***	[im'pindʒd]
decided	[di'saidid]	***ordered***	['ɔ:dəd]
revealed	[ri'vi:ld]	***turned***	[tə:nd]
seemed	[si:md]...		

☐ il existe quelques rares exceptions aux règles énoncées ci-dessus :

naked	['neikid]	*nu*
wicked	['wikid]	*méchant*
wretched	['retʃid]	*misérable*
learned	['lə:nid]	*érudit...*

OPPOSITION [F] ~ [V]

La préposition **of** est très fréquemment mal prononcée par les Français, qui donnent à tort une valeur phonétique aux deux lettres qui forment ce mot, le confondant ainsi avec **off**.

◇ en fait, le **f** ne doit jamais se prononcer [f] mais toujours comme une sonore [v]. Le **o** doit être en principe ouvert [ɔv], mais il est très souvent prononcé avec un **e** muet, la voyelle neutre [ə], puisque **of** n'est jamais accentué.

☐ en revanche, **off** doit toujours être prononcé [ɔf].

5 PRONONCIATION - rappel des règles

SÉQUENCE ORTHOGRAPHIQUE « GUA »

◇ [ga :] ou [gæ] ⊖ [gwa].

C'est une faute très en vogue chez les Français, qui prononcent cette syllabe comme l'initiale de *guano*, en introduisant la semi-consonne [w] entre le **g** et le **a** dans des mots tels que :

guardian	['gɑ:djən]	***guarantee***	['gærənti:]
vanguard	['vengɑ:d]	*avant-garde*	

« H » À L'INITIALE

• Tous les mots anglais qui s'orthographient avec un **h** à l'initiale se prononcent avec une expiration, un [h] dit aspiré, qui a la même fonction distinctive que n'importe quelle autre consonne :

hill	[hil]	*colline*	≠	***ill***	[il]	*malade*
heel	[hi:l]	*talon*	≠	***eel***	[i:l]	*anguille*
hair	[hɛə]	*cheveu(x)*	≠	***air***	[ɛə]	*air*

• Tous les mots commençant par **h** doivent être précédés de l'article indéfini **a** et non **an**. On dira par exemple **a hotel** [ə'həutel] ; **a hospital** [ə'hɔspitl] et non « an hotel », « an hospital ».

☐ les deux règles précédentes ne connaissent que quatre exceptions qu'il faut absolument mémoriser ; **hour**, **honour**, **honest** et **heir** (*héritier*) ainsi que leurs dérivés se prononcent donc avec un **h** muet à l'initiale et doivent être précédés de l'article **an**. On dira par exemple **an hour** ; **an honour** ; **an honest man** ; **an heir** [ɛə] qui se distingue ainsi de **a hair** (*un cheveu*, *un poil*) et son homonyme **a hare** (*un lièvre*) qui se prononcent tous deux [hɛə].

S'il ne faut pas oublier de prononcer ce **h** aspiré dans tous les mots où il figure à l'initiale (les quatre exceptions indiquées ci-dessus mises à part), il convient d'éviter, comme le font souvent les Français, d'ajouter systématiquement un [h] parasite devant les mots commençant par une voyelle : **the arm** [ði'ɑ:m] et non [ðə'hɑ:m], qui correspondrait à **the harm**, *le mal*, *le tort*.

Noter, pour finir, que devant un [i] ou un [j], le **h** initial peut se prononcer avec une force qui le rapproche du **ch** palatal du **ich** allemand :

here	[hiə]	***human***	['hju:mən]

5 PRONONCIATION - rappel des règles

HOMOGRAPHES

Les homographes sont des mots qui, avec une même orthographe, correspondent à deux prononciations différentes et à deux sens distincts.

On peut citer à titre d'exemple :

to lead	[li:d]	*mener*	≠	***lead***	[led]	*plomb*
to live	[liv]	*vivre*	≠	***live***	[laiv]	*en direct*
wind	[wind]	*vent*	≠	***to wind***	[waind]	*serpenter*
bow	[bəu]	*arc*	≠	***bow***	[bau]	*révérence, étrave*
to sow	[səu]	*semer*	≠	***sow***	[sau]	*truie*
minute	['minit]	*minute*	≠	***minute***	['mainju:t]	*minuscule*

to row / a row [rəu] *ramer / rangée*
to row / a row [rau] *se quereller / bagarre / tapage*

[I] OU [AI]

Aucune règle générale ne permet de déterminer de façon rigoureuse le choix entre [i] et [ai], correspondant au **i** de l'orthographe.

On se reportera, pp. 233-234, aux trois tableaux du paragraphe « Monophtongues et diphtongues », qui indiquent quelques mots « à risque », pour lesquels la place de l'accent ou l'orthographe constituent des critères de choix entre monophtongue et diphtongue.

Dans les autres cas, le seul recours consiste à apprendre tout mot nouveau *avec* sa transcription phonétique, qu'il convient de vérifier à chaque fois que cela est nécessaire.

On trouvera, dans la liste des **problem words** fournie plus loin dans cette partie Prononciation, la transcription des mots qui font l'objet des erreurs les plus fréquentes ou pour lesquels les deux prononciations [i] ou [ai] sont possibles (**direction, finance, organization, privacy**...).

N.B. : le substantif **wind** constitue la seule exception à tous les mots en **-ind** (**bind, blind, kind, mind**...) qui se prononcent [-aind].

SÉQUENCE ORTHOGRAPHIQUE « OLL »

Dans tous les mots orthographiés en **-oll**, le **o** doit être diphtongué en [əu], sauf dans **doll**, *poupée* qui se prononce [dɔl].

roll *liste / rouleau / petit pain* ***poll*** *sondage*
toll *péage / victimes* ***knoll*** [nəul] *monticule*

☐ **roll** est un homonyme de **role** [rəul], *rôle*.

DIGRAMME « OO »

Le digramme **« oo »** est souvent considéré comme correspondant systématiquement au son [u:], ce qui conduit à des fautes de prononciation dans tous les cas où il correspond soit au son [ʌ] de **but** ou **cup**, soit au son bref [u] de **book**.

[u:] : **food** / **room** / **loom**, *métier à tisser* / **loop**, *boucle*
[u] : **book** / **look** / **hood**, *capot*
[ʌ] : **blood**, *sang* / **flood**, *inonder*, *inondation*

SÉQUENCE ORTHOGRAPHIQUE « OUGH »

Le groupe orthographié **« ough »** doit faire l'objet d'une attention particulière puisqu'il peut correspondre à cinq prononciations distinctes :

[ʌf] : **tough**, *dur* / **rough**, *rude* / **enough**, *assez*
[ɔf] : **cough**, *toux*, *tousser* / **trough**, *auge*
[əu] : **though**, **although**, *bien que*
[au] : **bough**, *rameau*
[ɔ:] : **thought**, *pensée*, prétérit de **to think**

DIGRAMME « QU »

À ce digramme, correspond en général le son [kw] et non [k] comme en français.

quality ['kwɔliti] ***conquest*** ['kɔŋkwest]
equilibrium [ˌikwi'libriəm]

☐ contrairement au substantif **conquest**, le verbe **to conquer** se prononce avec le son [k] : ['kɔŋkə]. Ce dernier est accentué sur la première syllabe et s'oppose ainsi à **to concur** [kən'kə:], *être d'accord, partager une opinion avec qqun*.

5 PRONONCIATION - rappel des règles

[S] OU [Z]

☐ au contraire du français où les mots orthographiés avec un seul **s** se prononcent avec le son [z], en anglais de nombreux termes s'écrivant avec un **s**, voire avec deux **s** (**dessert** [di'zə:t], *dessert* ; **to possess** [pə'zes], *posséder* ; **to dissolve** [di'zɔlv], *dissoudre*), se prononcent avec la sonore [z].

disadvantage / disapprove / disobey / emphasis / hypocrisy / loose (cf. ce mot dans la liste des **problem words**), ***philosophy***, etc.

DIGRAMME « TH »

On oublie parfois qu'au digramme **th** correspondent, selon le mot, deux sons différents : l'un sourd [θ], l'autre sonore [ð].
[θ] : **theatre / thin / think / threat**...
[ð] : **that / than / there / then**...
Dans les deux cas, il faut absolument éviter de prononcer ce digramme avec le son [z], d'abord pour ne pas tomber dans la caricature de la prononciation si typique des Français et ensuite pour respecter certaines oppositions distinctives, par exemple **thigh** qui ne doit pas être prononcé comme **sigh**.

◇ la pointe de la langue doit se placer entre les dents (imaginer que l'on imite une personne souffrant d'un défaut de langue, afin que ce zézaiement devienne plus naturel) pour produire un [θ] ou un [ð] correct. Au pire, on peut rendre la variante sonore [ð] du **th** par un [d] puisqu'on la rencontre sous cette forme populaire dans la bouche même des anglophones (surtout chez les Américains) : **« dat »** pour **that**, **« dem »** pour **them**, **fader** pour **father**...

On peut s'exercer sur des paires minimales telles que :

sigh [sai] *soupir* ≠ ***thigh*** [θai] *cuisse*
breeze [bri:z] *brise* ≠ ***breathe*** [bri:ð] *respirer*, dont la finale sonore s'oppose à la sourde de ***breath*** [breθ], *respiration*.

☐ enfin, il faut veiller à la prononciation (difficile même pour les anglophones qui ont tendance à la simplifier) du groupe consonantique **th** + **s** : **months** [mʌnθs] ; **cloths**, *chiffons* [klɔθs], également prononcé avec un **o** long et une finale sonore [klɔ:ðz].

ϴ éviter en tout cas le défaut assez courant consistant à prononcer avec une terminaison [θiz] ou [ðiz], **months** et **clothes** [kləuðz], *vêtements*.

[U] OU [JU]

Il faut se garder d'appliquer trop systématiquement la règle selon laquelle l'article indéfini précédant un mot commençant par une voyelle doit prendre la forme **an**. L'orthographe peut en effet faire illusion, puisque le **u** initial peut être une *semi*-voyelle (dite aussi semi-consonne) correspondant non pas à [u] mais à [ju].

ϴ ainsi, on ne dit pas « an union » mais **a union** [ə'ju:njən]. En revanche, le **u** de **urban** n'est pas diphtongué, de telle sorte que ['ju:əbən] est impossible. On dira ainsi **an urban centre**. Cf. Prononciation américaine, [ju:] et [u:], p. 246.

[U] OU [ʌ]

Certains mots tels que **butcher**, *boucher*, **bush**, *buisson*, **cushion**, *coussin* sont prononcés à tort avec le son [ʌ] de **cup** alors qu'ils doivent se prononcer avec le *ou* de *bouche* : ['butʃə], [buʃ], ['kuʃən].

VOYELLES NASALES

☐ les voyelles nasales n'existent pas en anglais. À la voyelle nasale française orthographiée *an* (qui est phonétiquement un *a* nasalisé), correspond la séquence [ɑ:] ou [æ] ou [e] ou [ə] + [n].

Ainsi, la conjonction **and** ne doit pas se prononcer (comme c'est fréquemment le cas) à la façon du français *Andes* ou *Indes*, mais plutôt [ænd] dans sa forme forte. Lui correspondent également plusieurs formes affaiblies dont [ənd], [ən], [nd], [n], comme en témoigne son orthographe simplifiée : **rock n'roll**.

band, *orchestre* et **bend**, *virage* ne sont pas homonymes du français *bande* mais se prononcent respectivement [bænd] et [bend].

5 PRONONCIATION - rappel des règles

France se prononce [frɑːns] en anglais britannique et [fræns] ou [freins] en américain ; **dance** se prononce [dɑːns] en Grande-Bretagne et [dæns] ou [deins] aux États-Unis.
☐ de façon générale, la nasalisation est beaucoup plus forte et les voyelles sont plus fermées en américain.

VOYELLE NEUTRE [ə]

On ne saurait trop insister sur l'importance de ces voyelles neutres correspondant au *e* muet français et pouvant aller jusqu'à l'élision ou disparition totale du son vocalique. On les trouve en syllabe inaccentuée (avant ou après l'accent) et elles donnent toute sa couleur et son rythme à la prononciation anglaise, en même temps qu'elles impriment à la phrase son balancement caractéristique.

• Comparer le français *particulier*, dans lequel toutes les voyelles sont prononcées avec la même force, et l'anglais **particular** [pə'tikjulə], dans lequel la syllabe [ti] est prononcée avec emphase, au détriment des **a** de la première et de la quatrième syllabes qui sont tous deux « affaiblis » en [ə]. Cette voyelle neutre peut être élidée en ['pti] dans une prononciation fréquente à rapprocher du français *petit* dont le *e* aurait été élidé pour donner *p'tit*.

• Comparer le français *panorama*, dans lequel aucun des trois *a* ne se trouve altéré, à l'anglais **panorama** [ˌpænə'rɑːmə], dans lequel seul le **a** qui porte l'accent conserve sa forme pleine. Le premier est relativement préservé en [æ] par l'accent secondaire qui soutient la syllabe **pa-**, tandis que le dernier est « neutralisé » en [ə] puisqu'il se trouve en syllabe inaccentuée.

• Ce phénomène s'étend bien entendu à d'autres voyelles que le **a** : **potato** [p(ə)'teitəu] ou **effort** ['efət] offrent des exemples d'affaiblissement du **o**.

PRONONCIATION AMÉRICAINE

La prononciation américaine présente de nombreuses différences qui la distinguent de la prononciation britannique. On se bornera à rappeler ici (en dehors des variations qui n'affectent ponctuellement que certains mots ou que certaines régions des États-Unis) les caractéristiques principales, généralement bien connues, de cette variété d'anglais.

« R » RÉTROFLEXE

C'est une des particularités les plus facilement identifiables, se manifestant lorsque le **r** *suit* une voyelle. En effet, ce **r** rétroflexe (qui est produit en retournant la pointe de la langue vers l'arrière du palais) ne s'entend pas lorsqu'il *précède* une voyelle, de telle sorte qu'il n'y a aucune différence entre la prononciation britannique et la prononciation américaine de mots comme **right**, **room**, **broom** ou **wrap**.
En revanche, il est très nettement audible en américain lorsqu'il suit une voyelle ou précède une consonne ou en fin de mot. Dans la même position, en anglais britannique, ce **r** n'est pas prononcé comme une consonne à part entière.
GB : Il peut ne pas se prononcer du tout :

bar [bɑː] ***bother*** ['bɔðə] ***answered*** ['ɑːnsəd]

Il peut se manifester par un [ə] qui s'ajoute à la voyelle :

bare [bɛə] ***stair*** [stɛə] ***here*** [hiə]

US : Dans tous ces mots, un son rétroflexe se fera nettement entendre à l'endroit où le **r** se place dans l'orthographe.

[bɑːr] ['bɔðər] ['æːnsərd] [bɛər] [stɛər] [hiər]

« T » ET « D » RÉTROFLEXES

Ces deux variantes sont également typiques de l'anglais américain. Elles apparaissent lorsque le **t** ou le **d** (ces consonnes pouvant être redoublées dans l'orthographe) se trouvent placés entre deux voyelles.
Elles constituent des formes affaiblies des consonnes correspondantes et leur articulation, clairement identifiable à l'oreille, est assez difficile à expliquer dans l'abstrait. Normalement apico-alvéolaires en Grande-Bretagne (contact relativement net de la langue avec la partie supérieure des dents laissant passer un léger sifflement), elles sont produites aux États-Unis par un contact très bref de la pointe de la langue, correspondant à un **r** roulé à un seul battement (**one-flap « r »**), qui serait proche d'un **d** très « mou ».

5 PRONONCIATION - rappel des règles

Ce **t** et ce **d** rétroflexes seraient très nets dans la prononciation américaine de mots tels que :

better, butter, bottom, voter ou ***petal*** ; ***buddy, muddy, ladder***.

N.B. : dans un mot comme **twenty**, le deuxième [t] perd toute occlusion, au point de devenir muet ['tweni].

[JU:] ET [U:]

Certains mots prononcés avec la diphtongue [ju:] en Grande-Bretagne sont couramment prononcés [u:] aux États-Unis. C'est le cas par exemple de :

new [nu:] ***sue*** [su:] ***suit*** [su:t]
stupid ['stu:pid] ***Tuesday*** ['tu:zdi]

En revanche, des mots tels que **pure, cure, curious, cube** sont prononcés comme en Grande-Bretagne avec la semi-consonne [j].

NASALISATION VOYELLES FERMÉES ET VOYELLES OUVERTES

L'anglais américain est caractérisé par une nasalisation plus forte qu'en anglais britannique qui s'accompagne, comme on l'a vu, d'une fermeture des voyelles : de [ɑ:] à [æ] ou [ei] dans les exemples, cités plus haut, de **France** et **dance**.

En dehors des contextes nasalisés, la tendance américaine est plutôt à l'ouverture des voyelles. Par exemple **God** prononcé [gɑ:d] (et souvent orthographié **Gad** dans les romans ou les bandes dessinées) ; **pot** prononcé [pɑ:t] ; **vote** ou **role** prononcés [vout] et [roul] plutôt que [vəut] et [rəul] comme c'est le cas en anglais britannique.

AUTRES DIFFÉRENCES

Comme on l'a déjà signalé plus haut, de nombreuses autres variantes de portée moins générale différencient l'américain de l'anglais britannique. Ces distinctions seront signalées dans la liste alphabétique des **problem words** qui suit.

ABROAD

Ce mot se prononce [ə'brɔ:d], avec la même voyelle longue et non diphtonguée que celle de l'adjectif **broad** (voir cette entrée plus bas).

ADULT

Qu'il soit adjectif ou substantif, deux prononciations sont admises pour ce mot. L'accentuation sur la première syllabe est plus courante en anglais britannique, tandis qu'en américain l'accent tonique porte le plus souvent sur la deuxième syllabe. ◇ ['ædʌlt] ou [ə'dʌlt].

AGENT / AGENCY

◇ Veiller à bien diphtonguer la voyelle initiale ['eidʒənt], ['eidʒənsi], contrairement au cas d'**agenda** (*ordre du jour*) où l'accent tonique tombe sur la deuxième syllabe : [ə'dʒendə]. ⊖ ['ædʒənt], ['ædʒənsi].

AID / AIDE

□ Ne pas confondre ces deux mots qui ont la même prononciation [eid] et qui se distinguent dans leur orthographe par le **e** final.
Du point de vue du sens, le premier correspond au français *aide, assistance, secours* : **with / by the aid of**, *avec / à l'aide de* ; **aid to developing countries**, *aide aux pays en voie de développement* ; **legal aid**, *assistance juridique* ; **first-aid**, *premiers secours, soins d'urgence* ; **hearing aid**, *prothèse auditive* ; **visual aids**, *supports visuels* (pour démonstrations et conférences).
Le second, d'origine militaire et diplomatique, désigne l'*aide de camp* et correspond plus fréquemment aujourd'hui au français *collaborateur* (de haut rang) :

a presidential aide *un collaborateur / un conseiller du président*

ALGA ['ælgə]

L'anglais utilise le pluriel latin en **ae** qui a deux prononciations plutôt surprenantes pour les Français.
Pluriel : ['ældʒi:] ou ['ælgi:], *algues*.

5 PRONONCIATION - problem words

TO ALLOW

Ne pas prononcer la deuxième syllabe de ce verbe avec la diphtongue [əu] de **low** mais avec la diphtongue [au] de **cow** [kau].

ALUMNUS

Ce mot, qui signifie *ancien élève*, se prononce [ə'lʌmnəs]. Son pluriel, calqué sur le latin, est **alumni** [ə'lʌmnai].

ANGEL

Veiller à bien diphtonguer la première syllabe de ce mot qui ne se prononce pas [en] mais [ein].
◇ ['eindʒəl].

AUTHOR

Sous l'influence de l'allemand ou de l'espagnol, la première voyelle de ce mot est souvent diphtonguée en [ɑu]. Veiller à conserver la qualité monophtongue de la voyelle, en ouvrant bien cette voyelle longue.
◇ ['ɔːθə].

BLOOD

Éviter de prononcer ce mot [bluːd] en le faisant rimer avec **food** [fuːd].
◇ [blʌd], qui se prononce comme **flood**, *inond-er/-ation*.

BOMB

Le **b** final est une consonne muette dans ce mot qui signifie *bombe* ; (fam.) *fiasco*, *four*.
◇ [bɔm].
Il en va de même pour ses dérivés **bomber**, *bombardier* et **bombing**, *bombardement* qui se prononcent respectivement ['bɔmə] et ['bɔmiŋ].
Cf. également **comb**, **tomb** et **womb**.

BOW

Ce mot a deux prononciations distinctes selon son sens et ses emplois :

[bəu]	(nom)	*arc, archet*
	(v.t.)	*courber*
[bau]	(nom)	1 - *révérence, salut*
		2 - *étrave, avant* (d'un bateau)
	(v.i.)	*s'incliner, faire une révérence*

Cf. **row** et **sow** qui connaissent une alternance de prononciation comparable.

BROAD

[brɔ:d], *large*.
⊖ [brəud] par confusion avec la prononciation de **road**. Le digramme **« oa »** de **broad** se prononce [ɔ:] (son que l'on trouve dans **law, brought, wall**, etc.) et non pas comme la diphtongue [əu] de **load, road, coat**, etc. Ainsi **a broad road** (*une route large*) se prononce [ə brɔ:d rəud].

BULLET / BULLETIN

Dans ces mots, la voyelle **u** ne se prononce pas [ʌ] mais [u].
◇ ['bulit], ['bulitin].

BUTCHER

Le **u** ne se prononce pas [ʌ] mais [u] comme dans **bush** [buʃ].
◇ ['butʃə].

CANADA

Ce mot n'est pas accentué sur la deuxième syllabe mais sur la première.
◇ ['kænədə].

CAREER

[kə'riə], *carrière*.
Veiller à bien accentuer ce mot sur la deuxième syllabe pour ne pas confondre sa prononciation avec celle de **carrier** ['kæriə], *transporteur*.
□ **career** est un homonyme parfait de **Korea**, *la Corée*.

CATHOLIC

Ce mot est accentué sur la première et non sur la deuxième syllabe : ['kæθəlik].

CHANGE

Éviter la faute, trop souvent commise, consistant à prononcer la voyelle de ce mot (verbe ou substantif) comme une monophtongue [e]. Cette voyelle doit être nettement diphtonguée en [ei].
◇ [tʃeindʒ].

COMB

peigne, peigner.
Le **b** est une consonne muette.
◇ [kəum] qui s'oppose ainsi par sa voyelle diphtonguée à **come**, *venir*.

The police was combing ≠ coming through the rubble.
La police passait au peigne fin ≠ traversait les décombres.

Voir **bomb**, **tomb**, **womb** dans lesquels la qualité de la voyelle est différente mais qui se prononcent avec une consonne finale muette.

COMPARABLE

Cet adjectif est accentué sur la première syllabe ['kɔmprəbl], contrairement à **compare, comparison** et **comparative**. Ces mots sont tous accentués sur la deuxième syllabe **-pa-** qui se prononce ['pæ].

TO CONQUER

Le digramme **qu** ne se prononce pas [kw] comme dans **quite** mais simplement [k].
◇ ['kɔŋkə].
Par ailleurs, veiller à bien accentuer la première syllabe pour éviter la confusion avec **to concur** [kən'kə:], accentué sur la deuxième syllabe, qui signifie *être d'accord*.

CONSEQUENCE

L'accent tonique est fréquemment déplacé de la première à la deuxième syllabe, en confondant la prononciation de ce mot avec celle de **sequence** ['si:kwəns].
◇ ['kɔnsikwəns], la voyelle de la deuxième syllabe étant brève. C'est également le cas de dérivés tels que **consequent, consequently, consequential**.

COUNTRY

Ne pas prononcer ce mot en diphtonguant la voyelle de la première syllabe.
◇ ['kʌntri]. ⊖ ['kəuntri].

CUPBOARD

Ce terme, qui signifie *placard*, se prononce ['kʌbərd] avec un **p** muet.

TO DEFER [di'fə:]

Veiller à bien accentuer ce verbe (qui signifie *différer, surseoir, reporter, remettre à plus tard*) sur la deuxième syllabe pour le distinguer de **to differ** ['difə] qui est accentué sur la première syllabe et qui signifie *différer, être différent*.

DESERT

◇ ['dezət].

Lorsqu'il s'agit du substantif signifiant *désert*, veiller à accentuer ce mot sur la première syllabe pour le distinguer de **dessert** [di'zə:t] qui signifie *dessert*. Ce dernier a un homonyme orthographié **desert** qui signifie *mérite*.

to everyone according to his deserts
à chacun selon ses mérites

⊖ [de'zə:t].

TO DETERMINE

Dans ce verbe ainsi que dans tous ses dérivés (**determining**, **determinant**, **determination**, etc.), la voyelle **i** ne doit pas être diphtonguée en [ai] puisqu'elle ne se trouve pas en syllabe accentuée (cf. pp. 233-234, Monophtongues et diphtongues).

Cette faute, qui est extrêmement fréquente, résulte d'une assimilation erronée à des mots comme **mine** [main] et **to undermine** [ˌʌndə'main] dans lesquels le **i** se trouve en syllabe accentuée.

TO DIFFER ['difə]

Veiller à bien accentuer la première syllabe de ce verbe qui signifie *différer, être différent*, pour le distinguer de **to defer** [di'fə:], accentué sur la deuxième syllabe, qui signifie *différer, surseoir, remettre à plus tard, reporter*.

DIPLOMA

Contrairement à des termes tels que **direction**, **digestion**, **digression** ou **diversion**, dans lesquels la première syllabe peut se prononcer indifféremment [dai] ou [di], ce mot ne tolère qu'une seule prononciation monophtongue.

◇ [di'pləumə].

La même remarque s'applique à **diplomat** ['dipləmæt] et **diplomacy** [di'pləuməsi].

DIRECTION

Ce mot (ainsi que ses dérivés **direct**, **directly**, **directional**, **director**, **directory**, etc.) est fréquemment la cause d'hésitations légitimes sur le caractère monophtongue ou diphtongue de la première syllabe **di**.
En fait, tout risque d'erreur est exclu puisque les deux prononciations [di] ou [dai] sont admises, aussi bien en anglais britannique qu'en américain. Voir **finance**, **financial**, etc.

ECONOMIC [ˌi:kəˈnɔmik]

L'accent principal de cet adjectif (de même que celui de **economics** et **economical**) tombe sur la troisième syllabe **-no-**, alors que c'est la deuxième qui est accentuée dans **economy** [iˈkɔnəmi] et dans **economist**.
□ aux États-Unis, la première syllabe de tous ces mots est plus ouverte : [e] plutôt que [i].
◇ tous les adjectifs terminés par la désinence **-ic** ou **-ical**, ainsi que les adverbes terminés en **-ically**, sont accentués sur la syllabe qui précède.

EITHER / NEITHER

Leur prononciation diffère en anglais britannique et en américain.
GB : [ˈaiðə] et [ˈnaiðə]. US : [ˈi:ðə] et [ˈni:ðə].

EFFICACY

Ce nom est accentué sur la première syllabe [ˈefikəsi], contrairement à **efficient**, **efficiency**, **effective**, **effectiveness** qui sont tous accentués sur la deuxième syllabe.

EUROPE

◇ [ˈjurəp].
⊖ la deuxième syllabe ne doit pas se prononcer avec la diphtongaison de **rope** [rəup], *corde*.

EVENT

Bien que l'on entende parfois (dans le sud des États-Unis) ce mot accentué sur la première syllabe, la prononciation la plus courante accentue la deuxième syllabe : [iˈvənt].

TO EXAMINE

La troisième syllabe **-mine** ne doit pas être diphtonguée en [-main], d'autant qu'elle est inaccentuée.

◇ [ig'zæmin].
Cette prononciation est de règle pour tous les dérivés de ce verbe : **examiner**, **examination**, etc.

FINAL(LY)

◇ ['fainl], ['fainəli].
⊖ la prononciation monophtongue [fi-] est impossible.
N.B. : par contre, le substantif **finale**, *final(e)* (morceau qui termine une symphonie ou un acte d'opéra), se prononce [fi'nɑ:li].

FINANCE

Comme on l'a signalé dans le cas de **direction** et de ses dérivés, le **i** de **finance**, **financial**, **financier** peut se prononcer soit [i] soit [ai]. Mais, en l'occurrence, c'est la prononciation [ai] qui est la plus courante en Grande-Bretagne, [i] étant plus fréquent aux États-Unis.

FINITE

Les deux **i** de cet adjectif sont diphtongués ['fainait], à la différence de son antonyme **indefinite** qui se prononce avec deux **i** brefs : [in'definit] ; **finite** signifie *fini* au sens étymologique, c'est-à-dire *limité*, *borné* ; **indefinite** signifie *vague*, *imprécis* ; *indéfini*, *indéterminé*, *illimité*.

FLOOD [flʌd]

⊖ ne pas prononcer ce mot (qui signifie *inonder*, *inondation*) [flu:d] par assimilation avec **food** [fu:d]. Il doit en fait rimer avec **blood** [blʌd].

FOCUS

Ce mot est généralement bien prononcé ['fəukəs] dans sa forme radicale. Cependant, dans les dérivés du verbe tels que **focused** et **focusing**, le **u** est souvent diphtongué en [ju] alors que la prononciation de cette voyelle doit rester inchangée, puisqu'elle se trouve en syllabe inaccentuée (cf. Monophtongues et diphtongues, pp. 233-234).
N.B. : Cette remarque est également valable en américain, a fortiori dans le cas de la variante orthographique **focussed** et **focussing** que l'on peut rencontrer aux États-Unis.

GREAT

◇ [greit], cet adjectif étant un homonyme du verbe **to grate**, *gratter*, *grincer*.

⊖ éviter la prononciation erronée [gri:t], qui débouche sur la confusion avec le verbe **to greet**, *réserver un bon accueil*.

GUARD

Le groupe orthographique **« gua »** ne se prononce pas [gwa] mais [gɑ:].
◇ [gɑ:d]. ⊖ [gwɑ:d].
L'initiale de **guardian** et **guarantee** se prononce également [g], de même que la deuxième syllabe de **vanguard**.

HEIGHT

[hait], *hauteur*.
Veiller à distinguer la prononciation de ce mot de deux autres termes qui s'en rapprochent par le sens ou l'orthographe : **high** [hai] et **eight** [eit].
⊖ [hai], [heit].
Pour l'emploi de ce terme, voir *hauteur* dans la partie Vocabulaire français.

HIERARCHY

Ce mot exige une attention particulière pour produire une prononciation correcte de sa triphtongue.
◇ ['haiərɑ:ki].
L'adjectif correspondant, **hierarchical**, a un accent primaire (le plus fort) sur la syllabe [rɑ:] et un accent secondaire sur la première syllabe.

HOOD

Ce nom signifie *capot*, *capuchon*. Il peut également s'employer comme suffixe : **likelihood**, *probabilité*, **brotherhood**, *fraternité*. Dans les deux cas, il doit se prononcer, non avec le [u:] de **food**, mais avec la voyelle brève, relâchée, de **book**.
◇ [hud].

TO INDICT

accuser.
La deuxième syllabe de ce verbe, comme celle du substantif **indictment**, a une prononciation exceptionnelle : [-dait] et non [-dikt]. ◇ [in'dait].

INDUSTRY

Ce nom est accentué sur la première syllabe ['indəstri], à la différence de l'adjectif **industrial** [in'dʌstriəl] qui est accentué sur la deuxième.

IRON

['aiən], US parfois ['ai(ə)rn].
Attention à ce mot qui présente un cas unique de prononciation du **r** intervocalique (entre les deux voyelles **i** et **o**). Notez qu'en américain, ce **r** peut être « reporté » vers la fin du mot, et prononcé presque comme **I earn**.
La même prononciation caractérise le verbe **to iron out**, *aplanir* (une difficulté).

ITALY

Ce mot est accentué sur la première syllabe et non sur la deuxième, qui est très brève et qui peut être totalement élidée.
◇ ['itəli] ou ['itli].
L'adjectif **Italian** est bien accentué sur la deuxième syllabe : [i'tæljən].
À signaler une prononciation populaire aux États-Unis [aj'tæljən].

JAPAN

Éviter d'accentuer la première syllabe. C'est la deuxième qui porte l'accent.
◇ [dʒæ'pæn], à la différence de **Japanese** ['dʒepəni:z].

LATTER

Ne pas confondre ce terme avec **later** ['leitə], *plus tard*. Cf. *dernier*.
◇ ['lætə].

LAW

Ce substantif, qui signifie selon le contexte, *la loi* ou *le droit*, doit se prononcer avec un **o** long très ouvert pour se distinguer nettement de l'adjectif **low** [ləu].
◇ [lɔ:].
Il rime avec **jaw**, *mâchoire*, **raw**, *cru* et **thaw**, *dégel*.
□ lorsque tous ces mots sont suivis par une voyelle, un **r** de liaison (ou **linking r**) peut apparaître entre le [ɔ:] et la voyelle qui suit : ['lɔ:rəndɔ:də:], **law and order**.

LEAD

Au sens de *plomb*, ce mot se prononce [led], à la différence de **to lead**, *mener*, *conduire* et du substantif **lead** (**to take the lead**, *prendre la tête*) qui se prononcent [li:d]. Ces deux termes se distinguent par leur **i** long de **a lid** [lid], *un couvercle*.

LEGAL

◇ ['li:gl].
Le **e** de l'orthographe se prononce [i:], ainsi que dans tous les dérivés de cet adjectif.
⊖ ['legəl].

LITERATURE

Ne pas faire rimer ce mot avec **mature** [mə'tjuə] mais avec **temperature**.
◇ ['litəritʃə], la deuxième voyelle après le **t** étant élidée.
N.B. : la prononciation ['litəritjuə] existe, mais passe pour affectée.

LIVE

Ne pas confondre le verbe **to live** [liv] avec l'adjectif **live** [laiv], *en direct*.
Par ailleurs, veiller à bien prononcer le **i** bref de **to live** pour le distinguer aussi nettement que possible du **i** long de **to leave** [li:v].

LOOSE

Veiller à distinguer l'adjectif **loose** [lu:s], *lâche*, du verbe **to lose** [lu:z] ; ils se différencient par l'opposition sourde ≠ sonore en prononciation, et par l'emploi de deux **o** ou d'un seul **o** dans l'orthographe.

LOW

◇ veiller à diphtonguer la voyelle de cet adjectif [ləu], *bas*, qui se distingue ainsi de **law** [lɔ:] (voir plus haut cette entrée).
⊖ [lɔ].

TO MANAGE ['mænidʒ]

Ce verbe n'est pas accentué sur la deuxième syllabe, et celle-ci n'est pas diphtonguée.
⊖ [me'neidʒ].
On retrouve le même schéma accentuel et vocalique dans **manager, management** et tous les autres dérivés de ce verbe.

MAYOR

Ne pas prononcer ce mot en deux syllabes séparées par la semi-consonne [j].

◇ [mεə], *maire*.
Ce nom est donc un homonyme de **mare**, *jument*.

MEASURE ['meʒə]

⊖ ['miʒə:], ['misjuə].
Éviter les fautes fréquemment commises dans la prononciation de la première ou de la deuxième syllabe.

MEDICINE

La prononciation la plus courante de ce mot est ['medsin], avec une élision de la voyelle **i** de la deuxième syllabe. On trouve également la prononciation ['medisin].
Certains locuteurs utilisent la première avec le sens de *médicament* et la seconde avec le sens de *médecine*, bien qu'une telle distinction ne soit pas obligatoire.

METHOD

◇ la voyelle de la première syllabe est la même qu'en français : ['meθəd].
⊖ ['miθəd].

MICRO ['maikrəu]

Le **i** est forcément diphtongué dans ce terme qui ne peut être qu'un préfixe et non un substantif. Voir l'entrée *micro* dans la section Vocabulaire français.
microbe se prononce de la même façon : ['maikrəub].

MINUTE

Au sens de *minute*, ce mot se prononce ['minit], tandis que l'adjectif **minute**, qui signifie *menu*, *minuscule*, se prononce ['mainju:t].

TO OCCUR [ə'kə:]

La prononciation [ə'kjuə] est impossible. Une syllabe diphtonguée, prononcée [kjuə] s'orthographierait **cure**, avec le schéma typique CVC + **e**. Cf. les tableaux dans la partie Prononciation, pp. 233-234.
La forme du prétérit et du participe passé est **occurred** [ə'kə:d].

PEASANT ['pezənt]

Cf. plus haut, Digramme **ea**, p. 237.

PERSONAL

Ne pas confondre la prononciation de cet adjectif ['pə:snl] avec celle du substantif **personnel** ['pə:sə'nəl].
Cf. l'entrée *personnel* dans la partie Vocabulaire français.

PLEASANT

La première syllabe ne se prononce pas comme dans **please** avec un **i** long.
◇ ['plezənt]. ⊖ ['pli:zənt].
Cf. plus haut, Digramme **ea**, p. 237.

PRIVATE ['praivit]

Le **i** de cet adjectif est forcément diphtongué, bien que la même voyelle puisse être indifféremment monophtongue ['privəsi] ou diphtongue ['praivəsi] dans le substantif correspondant **privacy**, *intimité*.
En revanche, l'adjectif **privy** (utilisé dans des expressions telles que **the Privy Council**, *le Conseil privé du roi / de la reine*) ne se prononce que ['privi].

TO PROMISE

Veiller à ne pas diphtonguer la voyelle de la deuxième syllabe qui est inaccentuée.
◇ elle se prononce avec un **i** bref ['prɔmis], comme dans tous les dérivés du substantif et du verbe : **promises, promised**, **promising**...

RACIAL / RACISM / RACIST

Dans ces mots, la première syllabe ne se prononce pas [ræ]. Elle doit être diphtonguée comme dans **race** [reis] dont ces termes sont dérivés.
◇ ['reiʃəl], ['reisizəm], ['reisist].

RECORD

Le substantif (**record**, *disque*) se distingue du verbe (*enregistrer*) par la place de l'accent.
◇ le substantif est accentué sur la première syllabe : ['rekɔ:d]. Le verbe est accentué sur la deuxième syllabe et la voyelle **e** ne se prononce pas de la même façon : [ri'kɔ:d] ou [rə'kɔ:d].
N.B. : sur l'opposition nom/verbe selon la place de l'accent, cf. p. 230.

REGIME

La consonne **g** ne se prononce pas [dʒ] comme dans **gym** mais [ʒ]. C'est la deuxième syllabe qui porte l'accent.
◇ [rei'ʒi:m].

RELATIVE

◇ l'adjectif (*relatif*) et le substantif (*un parent*) sont tous deux accentués sur la première syllabe : ['relətiv].
⊖ [ri'leitiv].

ROW

Deux prononciations distinctes correspondent à ce mot, selon son sens :

[rəu]	(subst.)	*rangée*
	(verbe)	*ramer*
[rau]	(subst.)	*tapage, bagarre, dispute*
	(verbe)	*se quereller*

Voir **bow**, p. 248.

SCHEDULE

Ce mot a deux prononciations distinctes en anglais britannique et en américain.
GB : ['ʃedju:l]. US : ['skedjul].

SCHEME

Ce mot ne se prononce pas avec un [ʃ] comme à l'initiale du français *schéma*, qui n'est d'ailleurs pas son équivalent puisqu'il signifie *plan*, *système*.
◇ [ski:m].

TO SEW

Veiller à bien distinguer la prononciation de ce verbe [səu] (qui signifie *coudre* et qui se prononce comme **to sow**, *semer*) de toute une série de termes qui en sont assez proches phonétiquement :

to saw, *scier* ; **a saw**, *une scie* ; **saw**, prét. de **to see** : [sɔ:]
a sow, *une truie* [sau]
to sue, *poursuivre en justice* : GB [sju:], US [su:]

TO SOW [səu]

Voir **to sew**.

STUDENT

Ce mot subit souvent deux influences : la première syllabe est prononcée [ʃtu:] comme en allemand et un [j] est ajouté comme dans le français *étudiant*.

◇ ['stju:dənt].

Aux États-Unis le [j] est élidé et la première syllabe est prononcée ['stu:].

Cf. p. 246, Prononciation américaine, [ju:] et [u:].

SUITE

Veiller à distinguer la prononciation de **suite**, homonyme de **sweet** [swi:t], de celle de **suit** [sju:t], US [su:t].

Voir ce mot dans la partie Vocabulaire anglais.

SWEAT

Veiller à ne pas prononcer ce mot, qui signifie *suer* ou *sueur*, comme l'adjectif **sweet** ou le nom **suite** [swi:t].

◇ [swet].

Cf. p. 237, Digramme **ea**.

□ **sweat** a la même prononciation dans le composé **sweat-shirt** ['swetʃə:t], qui est souvent déformé en [swi:t] par les Français, peut-être par confusion avec **sweet**, *doux*.

TEMPERATURE

Ne pas faire rimer ce mot avec **mature** [mə'tjuə] mais avec **literature**.

◇ ['tempritʃə].

THREAT

Qu'il soit nom ou verbe (*menace*, *menacer*), ce terme ne doit pas se prononcer avec un **i** long comme **treat**.

◇ [θret].

Cf. p. 237, Digramme **ea**.

TOMB

Ce mot présente deux particularités du point de vue phonétique : la qualité de sa voyelle et le caractère muet de sa consonne finale.

Il se prononce [tu:m], de même que le composé **tombstone**, *pierre tombale* ['tu:mstəun].

Le même phénomène s'observe dans la prononciation du mot **womb** [wu:m], signifiant littéralement *utérus*. Il se rencontre dans une expression assez fréquente dans certains contextes : **from womb to tomb**. Cette formule, qui pourrait se traduire par *depuis la conception jusqu'à la mort*, désigne le système de protection sociale du **welfare state** ou *État-providence*.

UNITED

Ce participe passé ou adjectif (extrêmement fréquent à cause de **the United States**) ne résulte pas de l'adjonction du suffixe **-ed** au substantif **unit** ['ju:nit]. Il ne doit donc pas se prononcer ['ju:nitid].
◇ il est dérivé de **to unite** [ju:'nait] et se prononce avec un **i** diphtongué: [ju:'naitid].
Voir l'entrée *unité* dans la partie Vocabulaire français.

URBAN

Ne pas diphtonguer la première voyelle en [ju:].
◇ ['ə:bən].
À noter également, **urbane** [ə:'bein], *courtois*.

WEAPON

Le digramme **ea**, dans ce nom qui signifie *arme*, ne doit pas se prononcer avec un **i** long comme celui de **meat** mais avec le son [e].
◇ ['wepən].
Cf. p. 237, Digramme **ea**.

WHOLE

Ne pas prononcer la semi-consonne [w] à l'initiale de ce mot et veiller à bien diphtonguer la voyelle.
◇ [həul], homonyme de **hole**, *trou*.
Distinguer ce mot de **wool** [wu:l].

WIND

Ne pas confondre la prononciation du substantif **wind** [wind], *vent* avec celle du verbe **to wind** [waind] qui présente un **i** diphtongué. Ce verbe signifie *serpenter* ou *remonter* (une montre).
Cf. plus haut, Homographes.

WOMAN ['wumən]

Attention à la qualité exceptionnelle du **o** qui se prononce [i] dans le pluriel **women** ['wimin].

WOMB

Voir **tomb**.

WORD

◇ [wə:d].

Veiller à prononcer correctement ce mot pour le différencier de **world** [wə:rld] et de **ward** [wɑ:d], *service hospitalier*...

ʘ [wɔ:d].

WORK

Attention à la qualité de la voyelle qui n'est pas celle de **walk** [wɔ:k].

◇ [wə:k]. ʘ [wɔ:k].

WORLD [wə:rld]

Veiller à bien prononcer les trois consonnes **r**, **l**, **d** pour éviter la confusion avec **word** [wə:d].

YOUNG

Éviter la prononciation en [u]. Ne pas s'inspirer de l'allemand **jung** mais plutôt du mot *yang*, dans l'expression « le yin et le yang ».

◇ [jʌŋ].

YUPPIE

Ne pas prononcer ce mot comme l'exclamation française *youpie*.

◇ ['jʌpɪ].

6 TESTS DE CONTRÔLE

6 TESTS DE CONTRÔLE - chassez la faute

Les phrases qui suivent comportent diverses fautes signalées entre parenthèses en fonction des expressions erronées (V = Vocabulaire ; O = Orthographe ; G = Grammaire et syntaxe). Un corrigé reprenant la même numérotation est proposé à la fin de cette série, en plus des informations fournies par ailleurs dans les parties correspondantes de l'ouvrage.

1. I still ignore if he will come to-morrow (V, O).
2. A number of charity organisms are implicated in collecting the funds (V, V).
3. The photography was too great for a so small wall (V, V, G).
4. Hardly she had shut the door that the phone ringed (G, G).
5. We met each other in the bus (V, G).
6. He is studying informatics, valuable tool in business (V, G).
7. This parking can welcome 750 cars (V, V).
8. The law of offer and demand is a basic economical principle (V, V).
9. His breast is not as suntaned as his back (V, O).
10. A long serie of earthquakes shaked California the last summer (V, G, G).
11. The government is trying to respond to what wants the general public (G).
12. The earth is not enough fertile in that region (V, G).
13. This is a very recent phenomenum in United States (V, G).
14. If I would be at your place, I would not do that (G).
15. There is not enough place for two in this office (V).
16. He is a big theorician in this field (V, V).
17. Such computers are not for particulars (V).
18. The responsibles due to meet in Brusells (V, G, O).
19. You should ask informations at the desk (G, V).
20. She is a quite famous photograph (G, V).
21. He is now working with an important german society (V, O, V).
22. She will profit of her stay in Spain to visit my cousin (V).
23. They are told to have changed of minds (V, V).
24. He ordered a steack and toasts (G, O/G).
25. The results are not as satisfactory as it was expected (G).
26. I need to do a short résumé of the article (V, V).

27. I can't remember how is called the new system (V, G).
28. This library only sells scholar books (V, V).
29. He is their unique son (V).
30. Paul was convicted by my arguments (V).
31. He is charged of preparing the report (V).
32. The damages caused by the fire are estimated to $ 300,000 (V, G).
33. If the government changes, the riches may have to pay more taxes (G).
34. The boys started to dispute each other in the yard (V).
35. I don't thinck that his car is quite secure but he is a very good conductor (O, V, V).
36. I don't know the reason of his delay (G).
37. Prices are quite interesting in this supermarket (V).
38. His stage terminated sooner that expected (V, V, G).
39. He is graduated from Oxford (V).
40. In the US, the teenagers can get their driving licence at sixteen years old (G, G, G).
41. There has been a sensible increase in the last months (V, V).
42. Although he needs to practise daily exercices, he can now walk without cane (O, G).
43. This is a special zebra crossing for the blinds (G).
44. He was designed as spokesman of the delegation (V, G).
45. Syndicated workers are on strike for three weeks (V,G).
46. This is an economic mean of doing it (V,V).
47. A great part of the petrol consumed in Europe is producted by Koweit and other Gulf emirates (V, V, V, O).
48. The highness of the ladder was not sufficient for us to reach the shelfs (V, G).
49. Immigrated workers are claiming for a better statute (V, V).
50. I don't use to smoke the cigar (G, G).
51. The cost of transport will be born by the client (O).
52. Major progresses are expected in prevention technics (V, O).
53. The Government wants that the industrials limitate their exportations to south Africa (G, V, V, V, O).
54. Fishing is one of his favourite hobby or passtime (G, O).
55. Half-time workers complain that the new wages' increases are too low (V, G).

6 TESTS DE CONTRÔLE - chassez la faute

56. They did not go abroad since two years (G, G).
57. I do not understand what means the author (G).
58. I think that this film is different of the american version (G, O).
59. It's the same than the one we've seen last year (G. G).
60. The production of petrol has suffered of the war (V, G).
61. He has made many progresses in spanish (G, O).
62. I can't see no difference between both documents (G, V).
63. I don't know my adress in the winter station yet (O, V).
64. He will be affected to a new position the next month (V, G).
65. Only few people survived to the accident (G).
66. I thought he has an ingeniering formation (G, O, V).
67. The friends which address he gave me permitted me to visit that part of England (G, V).
68. It is very sympathetic of you to invite her at the party (V).
69. Such event had never arrived before (G, V).
70. He told that there was a double problem (V, V).
71. The emergence of racism settles a serious problem (V).
72. The question was risen during the meeting (V).
73. New emissions have been lanched on all TV chanels (V, O, O).
74. He never thinks at his friends (G).
75. I thought that he had already passed his exam but it is not untill the next week (V, O, G).
76. He doesn't speak Arab (V).
77. New microcomputers are performant (V).
78. He said that he didn't mind to learn me informatics (G, V, V).
79. The results were very bad and we were quite deceived (V).
80. They didn't know what had been the issue of the negociations (G, V, O).
81. I must work my english during the hollidays (V, O, O).
82. Our implantations in United States are not rentable (V, G, V).
83. They behaved in such a way by racism (G).
84. Cable TV is still a new media in France (V).
85. I can't put up a so rude behaviour (V, G).
86. He was working near of me (G).
87. Some developping nations are trying to product their own consumption goods (O, V, V).
88. The likelyhood is that they will loose the election (O, O).
89. The japanese process is much more performant (O, V).

90. Beside, it should be added that his answer was not convincing (V).
91. The informations are completed by an illustrated brochure (G, V).
92. The responsibles have decided new measures (V, V).
93. Most of journalists attended to the press conference (V, V).
94. Staying in the Colorado for few weeks proved a quite interesting experiment (G, G, V).
95. He is considered like one of the most influent politician (G, V, G).
96. The opposition might conquest an interesting part of the voters (V, V).
97. Some points in the report need to be precised (V).
98. He could never succeed to get in touch with him (G).
99. He touches a hight salary, although he has fast no responsability (V, O, V, O).
100. A serie of strange phenomenons occured in the two last weeks (V, G, O, G).
101. The film received very good critics in the medias (V, V).
102. His mother is a comprehensive person (V).
103. He is in the intermediary group (V).
104. She now lives far of Paris (G).
105. This is a completly new approach of the problem (O, V).
106. The movement is born in Netherlands (G, G).
107. Sorry, this is not the good number (V).
108. The programe is divided in four parts (O, G).
109. She cannot support a so hot weather (V, G).
110. The donations were destinated to help nations touched by the dryness (V, V, V).
111. He turned off my offer despite it was a good affair (V, G, V).
112. I'll go in Ireland in easter (G, G, O).
113. I didn't know that this picture was of Monet (G).
114. Huxley's most notorious book is intitled « Brave New World » (V, O).
115. The project will not be worth unless we would get a 8 % rise (V, G, G).
116. This article speaks about racism (V).
117. They just have installated a new production unity (G, V, V).
118. There is some incertainty to wether the information will be made public (V, G, O).

119. French are copping with increasing difficulties to sale their products (V, O, V).
120. The price of consummer goods has raised dramaticaly (O, V, O).
121. The tailor will have to take more measures (V).
122. This play will be put on the waves the next summer (V, G).
123. This air reminds me of Roma (V, V).
124. He has a new work since a week (G, V, G).
125. I am interested by your opinion : could you precise it (G, V) ?
126. We go there pratically every other years (O, G).
127. My belt is too much tight : it needs losening (G, O).
128. The Australian are against french nuclear experiences in the Pacific (G, O, V).
129. He did not consider my proposition because he was too preoccupated (V, V).
130. The Government's energetic programm is unadequate (V, O, V).
131. The problem of man's rights is an actual issue (V, V).
132. We spent an agreeable, quite evening altogether (V, O, V).
133. He was late, what surprised me (G).
134. The epidemy has touched several countries (V, V).
135. Why not leaving immediatly (G, O) ?
136. Lots of old fashioned buildings are disseminated in the region (O, V).
137. The country is dominated by the white for centuries (G, G).
138. New ressources are now being taped in underdevelopped countries (O, O, O).
139. The actuality is very dramatic at the television (V, G).
140. There are about 55 millions of habitants in France (G, V).
141. Don't make attention to what he'll tell (V, V).
142. Her parents made her understood that this was not the best mean to do it (G, G).
143. Alsatians speak a Dutch dialect (V).
144. The team will have to increase her own budget (G).
145. I remember of my travel in United States (V, V, G).
146. She forgot to remind me to write to them (G).
147. He doesn't need wash his hairs (G, V).
148. The German are told to be very much punctual (G, V, G).
149. How do you call this machine (G) ?
150. I'll visit parents which live in province (V, G, V).

1. don't know ; tomorrow.
2. organizations ; involved.
3. photograph ; large ; such a.
4. when the telephone rang.
5. We met ; on.
6. data processing / computer science ; a valuable tool.
7. parking lot / (US) car park ; accommodate.
8. supply and demand ; economic.
9. chest ; suntanned.
10. series ; shook ; last summer.
11. to what the general public wants.
12. soil ; fertile enough.
13. phenomenon ; the United States.
14. If I were you / If I was in your position / in your shoes.
15. enough room.
16. great ; theoretician.
17. private individuals / private users.
18. The officials ; are due to meet / are to meet ; Brussels.
19. ask for ; information.
20. quite a famous ; photographer.
21. a big German company.
22. take advantage of.
23. are said to have changed their minds.
24. steak and toast.
25. as (was) expected.
26. make ; summary.
27. what the new system is called.
28. bookstore ; school books.
29. only son.
30. convinced.
31. in charge of / responsible for.
32. The damage ... is ; estimated at.
33. the rich.
34. to fight in the yard.
35. think ; safe ; driver.
36. reason for.
37. advantageous / attractive.
38. training period / traineeship / (US) internship ; ended / finished ; sooner than.

39. He graduated from Oxford / He is an Oxford graduate.
40. teenagers ; licences ; at sixteen.
41. significant / major ; in the last few months.
42. exercises ; without a cane.
43. the blind.
44. appointed ; spokesman for.
45. union(ized) workers ; have been on strike.
46. economical ; means.
47. large ; oil ; produced ; Kuwait.
48. height ; shelves.
49. immigrant ; status.
50. I am not used to smoking ; cigars.
51. borne.
52. Major advances / breakthroughs ou Great progress is ; techniques.
53. wants industrialists to limit ; exports ; South Africa.
54. hobbies ; pastimes.
55. Part-time ; wage increases.
56. haven't gone ; for two years.
57. what the author means.
58. different from ; American.
59. the same as ; we saw.
60. Oil production ; has suffered from.
61. His Spanish has greatly improved.
62. any difference ; the two documents.
63. address ; winter resort.
64. assigned / appointed ; next month.
65. survived the accident.
66. he had an engineering training / he had an engineering background / he was an engineer by training.
67. whose address ; enabled / allowed me / made it possible for me to.
68. kind.
69. Such an event ; happened / occurred.
70. said ; twofold.
71. poses.
72. raised.
73. program(me)s / broadcasts ; launched ; channels.

74. thinks of.
75. taken ; until ; next week.
76. Arabic.
77. high-performing / powerful.
78. teaching me data processing / computer science.
79. disappointed.
80. what the outcome of the negotiations had been.
81. work at ; my English ; the holiday(s).
82. operations ; in the United States ; profitable.
83. out of racism.
84. medium.
85. put up with ; such rude behaviour.
86. near me / near to me / beside me.
87. developing ; to produce ; consumer goods.
88. likelihood ; lose.
89. Japanese ; effective.
90. Besides / Moreover / Furthermore.
91. The information is supplemented / complemented.
92. Authorities / The officials ; have decided on.
93. Most (of the) journalists ; attended the.
94. a few weeks ; quite an interesting ; experience.
95. as ; influential ; politicians.
96. conquer ; substantial.
97. specified / stated more clearly.
98. in getting in touch.
99. draws ; high ; almost no / hardly any ; responsibility.
100. A series ; phenomena ; occurred ; in the last two weeks.
101. reviews ; media.
102. an understanding person.
103. intermediate.
104. far from.
105. completely ; approach to the problem.
106. was born ; the Netherlands.
107. correct.
108. programme (GB) / program (US) ; into.
109. bear / stand ; such hot weather.
110. designed / meant / intended ; hit ; drought.
111. turned down ; although ; a (good) bargain / a good deal.

112. to Ireland ; at Easter.
113. by Monet.
114. famous ; entitled / titled.
115. worthwhile ; unless we get ; an 8 %.
116. deals with.
117. They have just installed ; unit.
118. uncertainty ; as to whether.
119. The French / French people ; coping with ; to sell.
120. consumer goods ; risen / increased ; dramatically.
121. measurements.
122. put on the air next summer.
123. tune ; Rome.
124. has had a new job / has been in a new job ; for a week.
125. interested in ; qualify it / be more specific.
126. practically ; every other year / every two years.
127. too tight ; loosening.
128. The Australians ; French ; experiments.
129. proposal ; preoccupied / worried / concerned.
130. energy ; programme / (US) program ; inadequate.
131. human rights ; a topical / current issue.
132. a pleasant, quiet ; all together.
133. which.
134. epidemics ; hit / spread to.
135. leave ; immediately.
136. old-fashioned ; scattered.
137. has been dominated ; the whites.
138. resources ; tapped ; underdeveloped.
139. News / Current events are ; on television.
140. 55 million inhabitants.
141. pay attention ; he'll say.
142. understand ; means of doing it.
143. a German dialect.
144. its / their own budget.
145. remember my trip ; to the United States.
146. to remind me of writing.
147. He doesn't need to / He need not ; his hair.
148. The Germans ; are said to be ; very punctual.
149. What.
150. relatives ; who ; in the provinces.

7 INDEX

7 INDEX

- Les entrées en caractères romain maigre signalent des mots français traités dans la partie « Vocabulaire ».
- Les entrées en caractères romain gras signalent des mots anglais traités également dans la partie « Vocabulaire ».
- Les entrées en italique renvoient à des rubriques figurant dans les parties « Grammaire », « Orthographe » ou « Prononciation ».
- Les références entre crochets (par ex. N18) renvoient aux corrigés des thèmes grammaticaux.

A

7 INDEX

7 INDEX

Photocomposition
TÉLÉ-COMPO - 61290 BIZOU

Achevé d'imprimer en septembre 1996
sur les presses de Cox & Wyman Ltd
(Angleterre)

Dépôt légal : avril 1995
Imprimé en Angleterre